개보다 나아야 천국 간다

개보다 나아야 천국 간다

구본규 지음

아침향기

Contents

머리말 이래서 쓴다 …… 7

제1부
사진으로 보는 개들의 장한 모습　　　　　　　　　　　11

1. '위험해!' … 버스 앞에 몸던져 주인 구한 안내견　　　　　13
2. 먹이 나눠준 여성 장례식에 조문 온 유기견들　　　　　　15
3. 구조견도 영웅 … 활약상까지 낱낱이 기록 된다　　　　　17
4. 충성스럽던 경찰견 마지막 길에서 줄지어 사열하는 경찰관들　19
5. "환자 오줌 냄새만으로 갑상선암 판별 '특수견'" 화제　　　21
6. 구출된 한국 식용견 미국 도착　　　　　　　　　　　　23
7. '시한부 애완견'과 마지막 여행떠난 주인　　　　　　　　25
8. 버려진 신생아 물고 병원 달려간 개　　　　　　　　　　27
9. 개가 사람보다 낫네　　　　　　　　　　　　　　　　29
10. 길 잃은 개 2,000마리 보금자리 포천 유기견 보호소 철거 위기　32
11. '돌아올 수 없는 주인' 매일매일 기다리는 병원의 개　　　35
12. 실종됐던 애완견 20개월만에 찾아 화제　　　　　　　　37
13. 임실군, "개 · 장례식까지 모십니다"　　　　　　　　　　39
14. 7년간 함께한 안내견도 석사모 썼네　　　　　　　　　　42
15. 미국 개 서핑대회　　　　　　　　　　　　　　　　　44
16. 교통사고 주인 목숨 살린 반려견 고속도로 달려 경찰에 구조 요청　46

**예수님의 손발이 된 닉 부이치치의 삶　　　　　　　　　49

제2부

1. 개보다 못한 인간의 모습   55

개가 동성연애?   57

성적 타락은 모든 도덕적 타락의 원인이 된다   60

부모의 자식 사랑은 어떤가   61

첫째가 윤리도덕이다   70

다음은 문화생활   71

윤리 도덕 문화를 초월한 빨갱이가 사람일까?   78

2. 하나님이 내리시는 무서운 벌   81

3. 개보다 낫게 살아야 된다   87

어떻게 믿느냐?   88

새것이 되었다는 의미는?   92

크리스천의 목표는 성령님의 사람이다   101

어떻게 성령님의 사람으로 살까?   103

칼빈주의 5대 진리   112

회개하는 삶을 살아야 한다   134

4. 개보다 낫게 죽어야 된다   139

자살이란 죽음   144

어떻게 하면 개보다 나은 죽음을 맞을까?   148

하나님의 판단은 인간들과 천양지차로 다르다   151

영원히 누릴 7가지 복   152

5. 크리스천의 성숙한 신앙을 위하여   161

예수님을 깊이 생각하자   161

죄인들의 친구이신 예수님　　　166

겟세마네에서 기도하신 주님의 모습　　　173

일어나라 함께 가자　　　176

하나님 아버지께 버림 받으신 예수님　　　181

6. 성숙한 크리스천의 표어　　　212

(1) 성령님과 함께 산다　　　214

(2) 쉬지 말고 기도한다　　　220

(3) 매일 성경을 읽는다　　　232

(4) 부활에 대한 확신을 훈련한다　　　234

(5) 복음에 빚진 자인 것을 알자　　　237

(6) 세월을 아껴야 한다　　　238

(7) 건강을 챙기자　　　243

글을 맺으면서　　　266

고쳐 쓴 주기도문 ⋯⋯ 268

고쳐 쓴 사도신경 ⋯⋯ 269

머리말

이래서 쓴다

    사람은 누구나 자신이 사람이라는 자부심을 가지고 살아가는데, 개하고 비교를 한다면 그럴 수는 없다고, 말도 안 되는 소리를 한다고, 펄쩍 뛸 것이다. 특히 어떤 종교인이면 내가 이렇게 수양을 하고, 도를 닦고 있는데 개보다? 크리스천이 아닌 어느 종교라도 각자가 자기 나름대로는 수양을 하는 도덕적으로 우수한 사람이라고 여길 것이다. 그런 사람들은 세상에서도 나름대로 인정을 받고 있으니 당연히 그렇게 생각할 것이다.

    아니면 남몰래 죄를 범하고 있는 사람은 물론, 감옥에 들락날락하는 사람도, 아니면 살인범도, 강간, 절도, 강도, 묻지마 총기난사를 하는 사람도, 폭탄테러범도, 좀더 고급화된 사기범들, 곧 국고를 축내는 사람들, 아니면 버젓이 계급장을 달고 있는 고위직 국가 공무원들, 심지어는 대통령까지도 법적으로 뚜렷한 죄가 드러날 때까지는 큰 소리를 치고, 개보다 어쩌고

저쩌고는 나하고는 관계가 없고, 저 신문에 난 인간들, 저 방송에 나오는 죄인들에게나 해당된다고 할 것이다.

아니, 나는 나라에서 이런 훈장을 받은 사람인데, 나는 세계적인 이런 선수인데, 나는 유명한 가수인데, 나는 수많은 국민을 먹여 살리는 대기업의 총수인데, 나는 일류대학교 총장인데, 나는 노벨 물리학상을 받은 교수인데, 나는 노벨 문학상을 받은 소설가인데, 나는 세계가 열광하는 합창단원인데, 나는 죽어가는 사람도 살리는 의사인데 개보다?

아니면, 나는 성경에 손을 얹고 선서를 한 동성애하는 장관인데, 나는 수간을 합법화한 이 나라에서 수간을 하는 대통령으로 내 지시에 따라 개가 나의 아내감인데, 개보다 뭐라고?

사람을 창조하신 하나님 밖에는 사람을 바로 아는 이가 없다. 그래서 하나님의 말씀, 성경을 모르는 사람 자신도 자신을 모르고, 국법이나 사회법에 걸리지 않으면 윤리 도덕이나 양심 같은 것은 안중에도 없고, 자유니 인권이니 하면서 기분대로 살아가는 것이 이 세상이다.

"만물보다 거짓되고 심히 부패한 것은 마음이라 누가 능히 이를 알리요마는
나 여호와는 심장을 살피며 폐부를 시험하고 각각 그의 행위와 그의 행실대로 보응하나니"(렘17:9, 10).

"하나님을 두려워하는 자는 하나님 외에는 두려워 할 것이

개보다 나아야 천국 간다

없으나, 하나님을 두려워하지 아니하는 자는 하나님 외에 모든 것을 두려워한다."(벵겔)

하나님을 몰라도 기고만장한 사람들의 실상은 개보다 못하다는 것을 말하고, 그러나 예수님을 믿고 새 사람이 되면 개보다 낫게 되어, 사망 권세를 이기고 부활하여 영생하게 되고, 지옥이 아닌 천국에 들어간다는 것을 말하려고 한다.

성경에도 기록된 대로 과거에는 개가 푸대접을 받았으나 (마15:26, 계22:15) 오늘날에는 개가 백악관에 들어갈 수 있을 정도로 사랑을 받고 있는 것은 개가 그만큼 주인에게 충성하기 때문이요, 반대로, 인간은 서로 교제가 편하지 않으니까 오히려 애완견이니, 반려견이니, 그러다가 심지어는 집에 들이는 것을 입양이라고까지 할 정도로 친한 사이가 되었다. 입양? 개를 자식 삼는다는 말이다. 그러나 개는 죄가 없으니 죽어도 지옥에 가는 일도 없고, 그렇다고 해서 천국에 갈 수도 없다. 죽으면 끝이다. 사람과 비교한다면 차라리 유리하다고 할 수 있다.

사람은 하나님이 특혜를 주셔서 만물의 영장으로 지상의 만물을 다스리는 권세를 주셨으나, 아담의 타락으로 인하여 죽으면 반드시 지옥에 가게 되었다.

하나, 그들 가운데서 다시 특혜를 받아 선택된 사람들은 하나님의 아들 예수 그리스도를 믿게 되어, 지옥에 가지 않고, 죽어도 부활하여 영생에 들어가게 되는 것이 개보다 나은 첫 단계이고, 여기서 더 나아가 하나님의 말씀을 따라 훈련을 받으면 사람다운 사람이 된다는 것을 말하려고 한다.

아직도 이 이치를 몰라서 예수님을 안 믿는 사람은 믿으려 애를 써야 한다. 그리하면 하나님의 택한 사람이면 반드시 믿어질 것이다. 그리고 이미 예수님을 믿는 사람은 더욱 더 세상의 소금과 빛된 생활을 하여 땅에서는 사람답게 되고, 하늘나라에 가서는 큰 상급을 받게 되기를 간절히 바란다.

다시 한번 더 간절히 부탁하는 것은 이 땅에 살면서 아무리 부귀영화를 누린다고 해도, 죽어서 지옥 불에 들어간다면, 우주여행을 열 번 다녀온들 그게 무슨 영광이 되며, 자랑거리가 되겠는가? 반드시 예수님을 믿어 개보다 나은 자격을 가지고 영생에 들어가기를 비는 마음 간절하다.

미국 LA에서 예수님을 기다리며
2022년 1월 1일 글쓴이

제1부

사진으로 보는
개들의 장한 모습

01.
'위험해!' … 버스 앞에 몸 던져
주인 구한 안내견

다리 부러졌지만, 생명 지장 없어

　주인을 교통
사고로부터 보
호하려 한 안내
견의 용기에 감
탄의 목소리가
높아지고 있다.
'USA투데이' 보
도에 따르면, 지
난 8일 오전 8시 15분쯤 뉴욕주 브루스터에서 한 60대 여성
시각장애인과 안내견이 스쿨버스에 치이는 교통사고가 발생
했다.

　이 사고로 여성은 팔꿈치와 늑골, 발목 등이 골절됐고 머리

도 조금 다쳤다. 개 역시 다리가 부러져 수술이 필요한 상황이지만, 이들 모두 다행히 생명에 지장은 없는 것으로 전해졌다.

놀라운 점은 사고 당시 골든리트리버 견종인 안내견 '피고'(Figo·사진)가 주인 여성인 오드리 스톤(62)을 보호하기 위해 몸을 던졌다는 것이다. 목격자의 증언으로는 오드리 스톤과 피고가 거리를 건너고 있을 때 스쿨버스가 우회전해오다가 부딪쳤고 그때 피고가 순간적으로 스톤과 버스 사이로 들어가 그녀를 보호했다.

경찰의 현장 사진에는 버스의 앞바퀴에 개의 털이 얽혀있었고 도로에도 개의 털이 흩어져 있는 것이 찍혀 있었다고 한다. 근처 마트에서 일하는 폴 슈워츠는 "피고가 스톤이 받을 충격을 최소화하려고 막으려했던 것 같다"고 말했다. 또 그는 "사고 직후 많은 사람이 모여 있었는데 피고는 스톤의 곁을 절대로 떠나지 않았고 옆에 누워 있었다"고 말했다. 이어 "그녀도 '피고는 어디 있죠? 피고 어디 있니?'라고 외치고 있었다"며 "따라서 모든 사람이 '피고는 괜찮아요'라고 말했다"고 덧붙였다.

"네가 죽도록 충성하라 그리하면 내가 생명의 면류관을 네게 주리라"
(계2:10)

주의 종들이 주님을 위해 충성을 다하지 않을 수가 있겠느냐
이런 충견을 보면서.

개보다 나아야 천국 간다

02.
먹이 나눠준 여성 장례식에
조문 온 유기견들

감동적인 사연에 사람들 숙연해져

지난 27일
(이하 현지시
간) 영국일간
'메트로'가 멕
시코의 한 장
례식장에서

벌어진 믿
을 수 없는 조
문 행렬 기사
를 보도해 화제가 되고 있다. 숨진 사람은 마가리타 수아레즈,
유카탄 지역 메리다에 살고 있는 그녀는 살아생전 길에서 생
활하는 동물들의 '대모'였다.

그녀는 매일 아침 자신의 집 앞을 오가는 20여 마리 길고양

이와 유기견들에게 먹이를 주는 등 살뜰히 챙겨왔다. 올 3월초부터 건강이 악화되면서 어쩔 수 없이 메리다를 떠나 쿠에르나바카로 이사했다. 하지만 수아레즈는 결국 얼마 뒤 세상을 뜨고 말았다.

지난 15일 어머니의 장례를 치르며 깊은 슬픔에 잠겨있던 딸 패트리샤 우루티아는 장례식장을 찾아온 뜻밖의 조문객들(?)에 화들짝 놀라고 말았다. 어디선가 나타난 개들이 하나 둘씩 장례식장으로 모여들기 시작한 것이다.

처음에 우루티아는 이 개들이 장례식장 근처에서 떠돌던 개로 여겼다. 하지만 직원들이 그 개들을 처음 본다고 말해 더욱 놀랐다. 조문 온 개들은 자연스레 수아레즈가 실린 운구차의 뒤를 따랐고, 수아레즈의 화장 준비가 끝난 후에야 장례식장을 떠났다. 슬픈 눈으로 수아레즈가 잠든 곳을 바라보는 개들의 모습에 장례식에 참석한 이들은 할 말을 잃었다.

우루티아는 "엄마가 생전에 돌보던 개들이 애도의 뜻을 전하기 위해 먼 길을 온 것 같다"며 눈물을 글썽였다.

[†]

"너희는 그 은혜에 의하여 믿음으로 말미암아 구원을 받았으니 이것은 너희에게서 난 것이 아니요 하나님의 선물이라"(엡2:8)

죄인들이 구원 받은 것은 오직 하나님의 은혜,
오직 베푸신 은혜 뿐이다.

개보다 나아야 천국 간다

03.
구조견도 영웅 ⋯
활약상까지 낱낱이 기록된다

9 · 11 메모리얼 뮤지엄 기념품 가게에서 파는 구조견 인형.

'난세는 영웅을 낳는다'고 했다. 9·11 테러라는 미증유의 위기도 마찬가지로 영웅을 낳았다. 진정한 영웅이 누군지 알려면 메모리얼 뮤지엄 안의 기념품 가게로 가면 된다. 그곳에는 9·11 현장에서 인명을 구하기 위해 헌신한 소방관, 경찰관, 의료진을 기리는 기념품과 자료집이 즐비하다. 영웅에는 구조견들도 포함된다.

구조견을 다룬 책 중에 가장 인상적인 건 'Dog Heroes of September 11th'였다. 책 내용은 방대하고 자세했다. 개 수

백 마리의 세부 사항과 9·11테러 현장에서 벌인 활약을 기록하고 있다. 개들은 무너진 잔해 안으로 들어가 생존자들을 수색하고 구조하는 데 결정적 도움을 줬다. 미국인에게 영웅은 바로 이런 존재다.

위기에 처한 이웃을 외면하지 않고 돕기 위해 노력하면 개도 예외가 아니다. 어쩌면 도움이 필요한 이웃을 외면하는 사람보다 나은 존재 아닐까?

"너는 말씀을 전파하라 때를 얻든지 못 얻든지 항상 힘쓰라" (딤후4:2)

한 영혼을 구원하는 일이 어렵고 힘이 들어도 내가 구원 받은 은혜를 생각하며 복음의 빚진 자로서 최선을 다하자.

04.
충성스럽던 경찰견 마지막 길에서
줄지어 사열하는 경찰관들

지 난 주 뉴저지주 울 위치 타운십 의 한 동물 병원 앞에서 수많은 경찰 들이 도열해

'동료'를 향해 거수경례를 올렸다. 경찰들이 예를 표한 동료는 바로 경찰견(K-9) 저지(9). 이날 저지는 자신이 가장 좋아하는 장난감을 입에 물고 동료들의 예를 받으며 동물병원으로 들어갔다.

이것이 저지의 생애 마지막 모습이었다. 안타깝게도 이날 저지는 안락사로 세상을 떠났다. 범인과의 싸움 과정 등에서 생긴 여러 부상과 종양, 호르몬 이상 등으로 더 이상 치료가 불가능하다고 판단, 마지막이나마 편안하게 세상을 떠나게 된 것은 수의사와 경찰의 결정 때문이었다. 이 같은 사실을 아는지 모르는지 저지는 동료들의 예를 받으며 당당히 병원으로 들어갔고 이를 지켜보던 몇몇 사람들은 눈물을 훔쳤다.

독일산 셰퍼드인 저지가 처음 경찰견이 된 것은 지난 2007년. 이때부터 특유의 용맹함과 충성심을 과시한 저지는 그간 총 152명의 범인 체포를 돕는 혁혁한 공을 세웠다.

그러나 2년 전 범인과의 격투과정에서 생긴 이빨 부상 이후 점점 몸에 문제가 생기며 결국 경찰견 생활을 은퇴해야 했다. 이에 동료들은 지난해 저지의 건강을 찾아주고자 1만 3000달러를 모아 치료비에 보탰으나 이 또한 허사였다.

웨스트 뎁포드 경찰서장 마이클 프랭크는 "고통 속에 하루하루를 살던 저지에게 우리가 해줄 수 있는 것은 안락사뿐이었다"면서 "마지막 순간 저지는 힘껏 장난감을 물고 당당하게 걸음을 옮겼다"며 안타까워했다. 이어 "그간 사건 현장에서 수많은 공로를 세웠을 만큼 우리에게는 동료 그 이상이었다"고 덧붙였다.

"나는 선한 싸움을 싸우고 나의 달려갈 길을 마치고 믿음을 지켰으니
이제 후로는 나를 위하여 의의 면류관이 예비되었으므로
주 곧 의로우신 재판장이 그 날에 내게 주실 것이며 내게만 아니라
주의 나타나심을 사모하는 모든 자에게도니라" (딤후4:7, 8)

경찰관 여러분도 천국 갈 때 천사들의 경례를 받을 수 있기를!

개보다 나아야 천국 간다

05.
"환자 오줌 냄새만으로
갑상선암 판별하는 '특수견'" 화제

특수하게 훈련된 개가 환자의 오줌 냄새만으로 갑상선암을 88%까지 판별하는 능력을 보여 화제가 되

고 있다고 미 언론들이 8일(현지 시간) 보도했다.

미국 아칸소대학 의과대 연구팀은 최근 독일산 셰퍼드 개를 특수하게 훈련시킨 결과, 환자의 오줌 냄새만으로 갑상선암을 88%까지 판별하는 놀라운 능력을 나타냈다고 밝혔다.

'프랭키'라는 이름의 이 셰퍼드는 34명의 갑상선암 환자 가운데 30명의 환자를 정확하게 판별해 냈다. 프랭키는 환자의 오줌 샘플 냄새를 맡은 다음 갑상선암 환자인 경우는 그 앞에

쭈그리고 앉았고 환자가 아닌 경우는 그냥 돌아서는 방식으로 판별했다.

이번 실험을 이끈 아칸소대 내분비 종양학과 도널드 보드너 책임자는 "개의 후각 능력이 아주 미세한 부분까지 발달해 있다는 것은 놀라운 일"이라며 "앞으로 몇 년 후에는 더욱 이러한 진단 기법이 더욱 발전할 것으로 보인다"고 밝혔다.

일반적으로 사람의 코에는 500만 개의 후각 수용체(olfactory receptors)가 존재하고 있는 반면 개의 코에는 약 2억 2000만 개 이상의 후각 수용체가 있어 탁월한 냄새 탐지 능력을 발휘하고 있는 것으로 알려졌다.

갑상선암은 목에 위치한 갑상선에서 호르몬 분비 이상으로 생기는 암으로 미국에서는 해마다 약 6만 2000여 명의 환자가 발생하고 있으며, 환자 대부분이 거의 여성이다.

✝

"아무것도 염려하지 말고 다만 모든 일에 기도와 간구로, 너희 구할 것을 감사함으로 하나님께 아뢰라
그리하면 모든 지각에 뛰어난 하나님의 평강이 그리스도 예수 안에서
너희 마음과 생각을 지키시리라" (빌4:6, 7)

"그러므로 내가 너희를 인하여 기뻐하노니 너희가 선한 데 지혜롭고
악한 데 미련하기를 원하노라" (롬16:19)

06.
구출된 한국 식용견 미국 도착

　한국에서 식용으로 길러지던 개 57마리가 샌프란시스코에 도착했다. 19일 국제동물애호협회(HSI)와 애완동물변화재단 (CAF)은 한국 홍성에서 개를 식용으로 기르는 농장 주인과 논 의를 통해 개 농장을 중단하고 곡물을 재배하는 데 사용하기

로 합의했다고 밝혔다. 이들 개는 수의 검진과 접종 후 새크라
멘토 동물보호소 등으로 보내져 입양할 주인을 기다리게 된
다. HSI 관계자가 보신탕이 될 뻔하다가 구출된 강아지를 안고
환하게 웃고 있다.

✝

"그는 허물과 죄로 죽었던 너희를 살리셨도다"(엡2:1)

노예 시장에서 노예를 사서 자유롭게 살도록 하는 것처럼, 죄와 사망의 노예였
던 우리를 구원해 주신 주님의 은혜는 갚을 수 없는 크고 넓은 은혜다. (히
2:14, 15).
크리스천을 대신해서 돌아가신 예수님을 생각하자.

개보다 나아야 천국 간다

07.
'시한부 애완견'과 마지막 여행 떠난 주인
3개월간 35개 도시 명소 방문

불치병에 걸려 시한부 선고를 받은 애완견과 마지막 여행을 떠난 주인의 사진이 감동을 선사하고 있다.

'워싱턴포스트' 등의 보도에 따르

면, 뉴욕에 사는 토마서 네일 로드리게즈는 올해 초 자신과 15년을 함께한 반려견 '포'(Pho)의 복부에 악성 종양이 생겼다는 청천벽력 같은 소식을 접했다. 로드리게즈는 '포'에게 남은 시간이 3개월 여 정도밖에 되지 않는다는 수의사의 말을 접한 뒤 특별한 여행을 계획했다. '포'가 세상을 떠나는 그 날까지. 미국 전역을 함께 여행하는 것이었다.

지난 3월부터 로드리게즈와 그의 약혼녀, 그리고 '포' 셋은 장동차 한 대를 끌고 '버킷리스트'에 따라 여행을 시작했다. 뉴욕을 떠나 워싱턴 D.C와 그랜드 캐니언 등 총 35개 도시의 명소, 약 1만 5천 마일에 달하는 거리를 함께 달렸다.

그들은 가는 곳마다 '포'의 모습을 카메라에 담았고, '포'는 그 어느 때보다 행복한 표정으로 여행을 즐겼다. 여행에서 돌아온 뒤 로드리게즈는 '포'와 함께한 특별한 여행 흔적을 자신의 SNS에 올렸고 사진을 본 많은 이들에게 감동을 선사했다. 그리고 의사가 말한 '3개월'의 시간이 흐른 현재, '포'는 여전히 자신을 진심으로 아끼고 사랑해주는 주인 로드리게즈와 함께 있다.

로드리게즈는 "이 뜻깊은 여행을 해냈다는 사실이 매우 기쁘다"면서 많은 사람들은 내가 '포'를 보살핀다고 생각하겠지만 이는 사실이 아니다. 오히려 '포'가 언제나 나를 돌봐줬다며 변함없는 애정을 전했다.

✝️

"우리의 연수가 칠십이요 강건하면 팔십이라도 그 연수의 자랑은 수고와 슬픔뿐이요 신속히 가니 우리가 날아가나이다" (시90:10)

이 세상에 왔다가 이 여행이 끝나면
우리의 영원한 고향에 가기 위하여
최선을 다해 각자의 사명을 다해야 할 것이다.

이 세상을 떠날 날을 생각하는 복된 삶을 살자.

개보다 나아야 천국 간다

08.
버려진 신생아 물고 병원 달려간 개
쓰레기통에서 발견해 구조

태줄도 잘리지 않은 채 쓰레기통에 버려진 신생아를 구한 개가 많은 이들을 미소 짓게 하고 있다.

1일 온라인 미디어 '래드바이블'은 쓰레기통에서 발견한 신생아를 입에 물고 병원으로 달려가는 개의 사진이 게재됐다. 개의 사진 속 개는 부모에

태줄도 잘리지 않은 채 쓰레기통에 버려진 신생아를 발견한 개가 조심스럽게 아기를 입에 물고 곧장 병원으로 달려가 구조했다.

게 버려져 탯줄도 잘리지 않고 길게 늘어뜨린 채 버려진 신생아를 입에 물고 어디론가 달리고 있다.

사진을 페이스북에 올린 이는 브라질의 한 거리에서 포착된 이 장면은 '유기견'이 먹을 것을 찾기 위해 쓰레기통을 뒤지다 울고 있는 신생아를 발견했다고 전했다. 신생아를 발견한 개는 '모성애'가 발동했는지 조심스럽게 아기를 입에 물고 곧장 병원으로 달려갔다.

개 덕분에 무사히 병원에 도착한 신생아는 건강에는 이상이 없고 현재 병원에서 치료 받으며 부모를 수소문하고 있는 것으로 전해졌다.

생사의 기로에 놓인 신생아를 무사히 병원에 데려다준 개는 종적을 감춰 네티즌들은 개에게 보상을 해야 한다며 찾아야 한다고 주장하고 있다. 경찰은 신생아를 버린 부모와 함께 영웅인 개도 행방을 찾고 있다.

✝

"참새 두 마리가 한 앗사리온에 팔리지 않느냐 그러나 너희 아버지께서 허락하지 아니하시면 그 하나도 땅에 떨어지지 아니하리라" (마10:29)

사람의 생명은 하나님의 손에 있다.
이 땅위에서 사는 것만 아니고, 영생하는 것도 하나님의 손에 있다.
영생의 길에 들어선 친구들이여 환호성을 지르자.

개보다 나아야 천국 간다

09.
개가 사람보다 낫네
차에 치인 동료 끝까지 지키며 의리를 지킨 개

우리 인간의 가장 친한 친구로 손꼽히는 개의 충직함은 널리 잘 알려져 있다. 하지만 이런 개들의 충성심은 때로는 자신을 위험에 빠뜨리는 순간에도 변치 않음을 보여줘 진한 감동을 전한다. 최근 터키의 한 방송에는 로드킬을 당한 동료 개를 지키기 위해 끝까지 그 곁을 지키는 견공 한 마리가 나와 보는 이들의 마음을 울렸다.

동영상 공유 사이트 라이브리크닷컴과 영국 일간 데일리메일 등을 통해 소개된 영상을 보면, 골든 리트리버 한 마리가 혼잡한 고속도로 옆에 피를 흘리며 쓰러진 다른 개 한 마리를 지키고 서 있다. 이 개는 동료가 다치자마자 즉시 자신의 안전은 뒤로 한 채 뛰어가 한참을 자리를 지키고 서 있었다고 한 목격자는 말했다.

이후 신고를 받고 출동한 결찰차가 임시 정차해 지키고 있

는 사이 견공은 다친 동료를 좀 더 안전한 난간 밖으로 끌고 나갔다. 하지만 다친 개는 이미 숨진 상태였던 것으로 전해졌다. 사실 로드킬을 당한 동료를 지키는 견공 소식은 이번이 처음은 아니다. 세계 각지에서 이런 소식이 알려졌다.

이 밖에도 병원에 입원한 주인을 보기 위해 매일 수십 km가 떨어진 거리를 왕복하는 개, 죽은 주인의 묘를 떠나길 거부하는 개 등 많은 사례가 전해진 바 있다.

"첫째는 이것이니 이스라엘아 들으라 주 곧 우리 하나님은 유일한 주시라 네 마음을 다하고 목숨을 다하고 뜻을 다하고 힘을 다하여 주 너의 하나님을 사랑하라 하신 것이요
둘째는 이것이니 네 이웃을 네 자신과 같이 사랑하라 하신 것이라 이보다 더 큰 계명이 없느니라"(막12:29-31)

크리스천도 언제 어디서 생을 마치게 되는지는 아무도 모른다. 그러나 부활이요 생명이신 예수님을 믿고 있기에 부활도 영생도 확실히 보장되어 있다. 그러나 당신의 이웃 사랑을 생각하면서 서운해 하는 사람은 있어야 한다(요11:25, 26, 33-36).

10.
길 잃은 개 2,000마리 보금자리
포천 유기견 보호소 철거 위기

　보금자리를 찾은 유기견 2000여 마리가 한꺼번에 다시 집을 잃을 상황에 처했다. 국내 최대 유기견 보호시설인 경기도 포천시 애린원이 땅을 내놓아야 하게 돼서다.

　사연은 이렇다. 애린원 공경희(71·여) 원장은 남편과 사별한 뒤 1980년대 초반부터 버려진 개들을 데려가 키웠다. 점점 마릿수가 늘어 몇 차례 집을 옮기기도 했다. 2001년 250마리가 되자 포천시의 국유지를 저렴하게 빌려 애린원을 세웠다.

　이름이 알려지면서 전국의 유기견 보호시설과 동물구조대에서 개를 보내왔다. 현재는 2000마리에 이르는 대식구가 됐다. 공 원장은 1만여 명 회원들의 후원을 받아 하루 수십만 원 사료비를 해결하며 개들을 돌보고 있다. 그러나 후원금만으로는 모자라 1억 7000만원의 빚을 지게 됐다.

빌려 쓴 국유지가 사유지로 바뀌어
땅 주인 법원에 철거 강제집행 신청
3억 넘은 이전 비용 마련 못해 막막

경기도 포천시 유기견 보호시설인 애린원에서 공경희 원장이
강아지들을 보살피고 있다.

그러던 중 빌려 쓰던 국유지가 사유지로 바뀌었다. 2009년
최모 씨가 소송을 통해 조상의 땅임을 인정받았다. 최 씨는 자
신의 땅에서 유기견 보호시설을 철거해달라는 소송을 냈고,
법원은 이를 받아들였다. 그 철거 시한이 올 3월 말이었다. 하
지만 공원장은 대체 부지를 마련하지 못했고, 이에 땅 주인은
법원에 철거 등 강제집행 신청을 낸 상태다.

공 원장은 "옮기려면 부지 구입비와 시설비로 3억-4억 원이 필요하다"며 "1억 7000만원 빚을 걸머진 상태라 이런 이전 비용 마련은 엄두도 못 내고 있다"고 말했다. 그는 "부지를 못 구해 다시 거리를 헤매게 된 우리 식구(개)들이 혹시 안락사 되지 않을까 하는 게 제일 큰 걱정"이라고 덧붙였다. 공 원장은 경기도와 포천시에 지원을 요청했으나 해당 지방자치단체는 "개인 시설을 지원할 근가가 없다"며 난색을 표하고 있다.

✝

"잔치를 베풀거든 차라리 가난한 자들과 몸 불편한 자들과 저는 자들과 맹인들을 청하라
그리하면 그들이 갚을 것이 없으므로 네게 복이 되리니 이는 의인들의 부활시에 네가 갚음을 받겠음이라 하시더라"(눅14:13, 14)

사람의 영혼을 사랑하는 마음까지 갖게 되시기를!
이 땅 위에서 예수님을 모르고 사는 사람들은 버려진 개들과 다름이 없다. 아니다 그 개들보다 더 비참하다, 개들은 그러다가 죽어도 그만이지만 사람은 그러다가 죽으면 가는 곳은 더욱 더 비참하다.

개보다 나아야 천국 간다

11.

'돌아올 수 없는 주인'
매일매일 기다리는 병원의 개
주인 사망 모른 채 1년 넘게 이어져

다시는
돌아오지
못하는 주
인을 매일
매일 기다
리는 개의
사연이 전

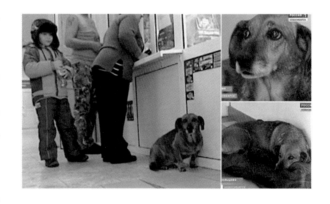

해져 안타까움을 주고 있다. 최근 '시베리아 타임스'등 러시아
언론에 보도돼 현지인들의 눈물을 자아낸 사연의 주인공은 노
보시비르스크주에 사는 개 마샤.

마샤에 얽힌 사연은 2년 전으로 거슬러 올라간다. 당시 마
샤는 신원이 알려지지 않은 할아버지와 함께 노보시비르스크

병원을 찾았다. 마샤는 유일한 할아버지의 가족으로 해가 뜨면 주인을 병문안하기 위해 병원으로 달려갔고 해가 지면 다시 집을 지키기 위해 돌아가는 일을 반복했다.

그러나 홀로 중병을 앓았던 할아버지는 지난해 안타깝게도 세상을 떠났다. 문제는 주인이 사망했다는 사실을 알리 없는 마샤의 행동이었다. 이후에도 마샤는 매일 아침 일찍 병원을 찾아와 하염없이 주인을 기다리다 저녁이 되면 집을 지키기 위해 돌아가는 일을 반복했다. 그렇게 기약 없는 마샤의 기다림은 1년 넘게 이어졌고 병원 관계자와 환자들은 안타까운 심정으로 지켜볼 수 밖에 없었다.

병원 의사인 블라드미르베스파블로프는 "마샤의 눈을 가만히 들여다보면 그 안에 슬픔이 보인다"면서 "우리가 해줄 수 있는게 아무 것도 없어 안타깝다"고 말했다. 마샤의 사연이 알려진 이후 먹을 것과 쉴 곳을 만들어 주는 등 주위의 도움이 이어졌으며 특히 한 가족은 마샤를 입양했다.

그러나 간호사 알라 보론트소바는 "한 가족이 마샤를 입양해 데려갔지만 얼마 후 도망쳐 다시 병원으로 돌아왔다"면서 "아마도 마샤의 기다림은 세상을 떠날 때까지 계속 될 것"이라며 눈시울을 붉혔다.

"누구든지 자기 친족 특히 자기 가족을 돌보지 아니하면
믿음을 배반한 자요 불신자보다 더 악한 자니라"(딤전5:8).

개보다 나아야 천국 간다

12.
실종됐던 애완견 20개월 만에 찾아

캠핑 갔다 잃어버려

실종됐던 애완
견이 약 2년 만에
무사히 주인 품으
로 돌아와 화제다.
네이든 · 에린 브
라운 부부는 지난

2012년 10월 타호 국립공원으로 캠핑을 떠났다가 애완견 '머
피(사진)'를 잃어버렸다. 머피는 골든리트리버 종으로 당시 5
살이었다.

부부는 머피를 찾는다는 전단지와 페이스북 페이지를 만드
는 등 갖은 노력을 기울였지만, 소용이 없었다. 그렇게 1년 8
개월이 흐른 이달 초 실종 장소로부터 5마일 정도 떨어진 프
렌치미도우스 저수지에서 캠핑을 하던 여행객으로부터 머피
를 목격했다는 제보가 들어왔다.

이에 브라운 부부는 한달음에 달려갔으나 머피를 찾지 못하고 혹시나 하는 마음에 머피의 침대와 자신들의 옷을 남겨둔 채 돌아왔다. 그리고 1주일 후, 캠핑지 호스트는 머피가 브라운 부부가 두고 온 침대 위에서 잠자고 있는 것을 발견하고 부부에게 연락했다. 약 2년 만에 머피는 집으로 무사히 돌아왔다.

하나님은 택하신 백성을 찾을 때까지 포기하지 않고 찾으신다. 지금도 세계 만방에 나아가 복음을 전하는 주의 종들은 하나님의 자녀들을 찾아내는 일에 수고하고 있다. 그들은 몇 년 만에 한 사람을 구원하기도 한다고 한다.

한국에 와서 복음을 전해 준 전도자들도 어렵게 전했을 것이다. 그 결과 지금은 세계에서도 손꼽는 전도자 파송국이 된 것을 주님께 감사드려야 한다.

13.
임실군 "개·메추리 장례까지 모십니다"

전북 임실군 '오수 펫 추모공원' 검은색 정장 차림의 직원들이 이날 오전 '노령'으로 숨을 거둔 열아홉 살 반려견 '축복이'를 주인으로부터 건네받았다. 반려동물 전문 장례지도사가 축복이를 소독하고 여러 번 깨끗이 닦았다. 마지막 빗질도 곱게

했다. 이들은 삼베 수의로 갈아입은 축복이를 생화로 장식한 관에 눕혔다. 유기견 보호소에서 만난 축복이와 16년을 함께 지냈다는 주인은 "천국으로 훨훨 날아가라"며 눈물을 흘렸다.

오수 펫 추모공원은 지난 8월 초 문을 연 국내 유일의 공공 반려동물 장묘시설이다. 임실군이 반려동물 관련 관광·산업 시설과 결합해 지역 수익을 높이기 위해 50억원을 들여 만든 시설이다. 화장로 3기와 추모 시설, 산책로 등을 갖췄다. 지자체가 운영하는 곳이라 사설 시설에서는 민원 때문에 설치하기 어려운 수목 장지도 있다. 기본 화장 비용은 15만원 정도로, 사설 장례식장보다 25-30% 저렴하다.

개장 두 달간 서울·경기·전남 등 전국에서 100여명 명이 찾았다. 지난달에는 무게 52g, 길이 10Cm 크기 메추리 장례도 치렀다. 송지성 동물자유연대 팀장은 "올바른 반려동물 문화 확산을 위해 공공 영역에서 다양한 시설과 정책이 나오는 것 은 환영할 일"이라고 했다.

✝

어중이 떠중이 한국의 정치만 개판인 줄 알았더니, 부모도 자식도 죽이고, 갖다 내버리고, 부부가 이혼을 하면서 개는 서로 가지려고 다투더니, 사람은 일자리도 없고, 먹고 살기도 어려운데, 영혼도 없는 개에게는 추모 공원에, 호화 분묘 장례식까지 샤머니즘으로 가고 있어, 손바닥만 한 한국이 온통 개판이구면 쯧쯧.

개보다 나아야 천국 간다

죄 많은 인간들이라 어디 정을 쏟을 곳이 없어서 말 못하는 개에게 정을 주는 것은 이해가 되나, 인정 있는 세상을 만들려면 그 원리를 알아서 고쳐야 된다.

"하나님이 세상을 이처럼 사랑하사 외아들을 주셨으니 이는 그를 믿는자마다 멸망치 않고 영생을 얻게 하려 하심이라" (요3:16)

예수님을 믿고 하나님과 화목하게 된 자는 이웃도 사랑하게 된다. (요일4:8) 이 세상에 교회가 없다고 생각해 보자. 세상은 악한 짐승들만이 우글거리는 것 같을 것이다. 지금도 온 세상 곳곳에 나아가 복음을 전하는 전도자들, 한국 땅에 들어와 복음 전하다가 목이 잘린 주의 종들, 서울 근교의 절두산을 말한다. 그래도 예수님을 믿어 이만큼이라도 사람이 살만한 나라가 되었다는 것을.

14.
7년간 함께한 안내견도 석사모 썼네

서주영 씨가 지난 2016년 펜실베이니아 주립대 석사 학위수여식에 안내견 아랑이와 함께 나란히 학위모를 쓴 모습. 다음 달 박사 학위를 받고, 오는 8월 일리노이대 조교수로 임용되는 서씨는 "기술을 통해 정보 습득의 격차를 줄이는게 목표"라고 말했다.

개보다 나아야 천국 간다

"지혜 있는 자는 궁창의 빛과 같이 빛날 것이요 많은 사람을 옳은 데로 돌아오게 한 자는 별과 같이 영원토록 빛나리라" (단12:3)

사망의 길로, 지옥으로 가고 있는 죄인들을 생명의 길로,
천국으로 가는 길이요, 진리요, 생명이 되시는 예수님께로 인도하는 복음전도자는 귀하다. 주님이 그만한 상을 주신다.
서 박사님도 강영우 박사처럼 주 안에서 더 승승장구 하시기를.

15.
미국 개 서핑대회

　미국 캘리포니아 헌팅턴 해변에서 25일(현지시간) '개 서핑 대회'가 열렸다.

　심판의 채점 기준은 '견공'들의 서핑 지속 시간, 자신감 그리고 기술이라고 한다.

　예정론을 안 믿는 이들 "하나님이 다 해주시면 사람은 할 일이 없다"고?

　　　　　　　　　　개보다 나아야 천국 간다

개도 자신을 위해, 또 주인을 위해, 생명을 걸고 열심히 살아간다면 개에게도 할 말이 없을 걸.

개도 운동을 하는데, 운동을 잘 해서 백만장자가 되었더라도 구세주 예수님을 안 믿으면 개도 안가는 지옥에 간다.

"운동장에서 달음질하는 자들이 다 달릴지라도 오직 상을 받는 사람은 한 사람인 줄을 너희가 알지 못하느냐 너희도 상을 받도록 이와 같이 달음질하라"
(고전9:24)

16.
교통사고 주인 목숨 살린 반려견
고속도로 달려 경찰에 구조 요청

　미국에서 한 반려견이 고속도로를 내달려 도움을 요청한 끝에 교통사고를 당한 주인을 살렸다.

　5일(현지 시각) 미국 CNN · ABC 방송 등은 1살 된 샤일로 셰퍼드 틴슬리(Tinsley)가 지난 3일 경찰에게 구조요청을 해 주인의 목숨을 살렸다고 보도했다. 틴슬리는 지난 3일 오후

　개보다 나아야 천국 간다

뉴햄프셔주 경찰이 공개한 사고 현장의 모습/CNN

10시쯤 뉴햄프셔와 버몬트주 경계의 89번 주간고속도로에서 이어진 참전용사기념다리 위에서 발견됐다. '도로 위에 개가 있다'는 신고를 받고 현장에 출동한 뉴햄프셔주 경찰은 "사람들이 도로에서 개를 빼내 보호하려고 했었다"며 당시 상황을 설명했다.

경찰관들이 틴슬리에게 다가가자, 틴슬리는 달려가다가 멈춰서 그들을 돌아보기를 반복하는 등 주의를 끌려고 했다. 틴슬리는 이내 멈춰서 도로 경사면 아래를 바라봤다. 틴슬리를 따라간 경찰관들은 가드레일이 부서졌다는 사실을 파악했다. 경찰은 도로 아래에서 심하게 파손된 채 전복된 픽업트럭 한 대를 발견했다.

당시 차량에는 틴슬리의 주인 등 남성 두 명이 탑승해 있었으며, 이들은 차량에서 튕겨져 나와 심한 부상을 입은 상태였다. 경찰관들이 즉시 의료 지원을 요청했고, 부상자들은 인근 병원으로 무사히 옮겨졌다.

경찰은 "정말 놀라운 일이다. 이 개는 그들의 목숨을 구했다. 기온을 고려했을 때, (구조되지 않았다면) 부상자들은 밤을 넘기지 못했을 것"이라고 전했다.

틴슬리 주인인 캠 론드리는 CNN 계열사인 WPTZ와 인터뷰에서 "틴슬리는 나의 수호천사"라며 평소 틴슬리와 함께 차량을 타고 정기적으로 여행을 다닌다고 밝혔다. 론드리는 "틴슬리가 그런 행동을 할 수 있는 지능을 가졌다는 건 기적 같은 일이다"라며 "틴슬리는 오늘 충분한 보상을 받을 예정이다. 사슴고기와 버거를 주고 등을 많이 긁어줄 것"이라고 했다.

✝

내 너를 위하여 몸버려 피 흘려
네 죄를 위하여 살 길을 주었다
너 위해 몸을 주건만 날 무엇주느냐

죄 중에 빠져서 영죽을 인생을
구하여 주려고 나 피를 흘렸다
네 죄를 대속했건만 너 무엇하느냐 (찬송가 311장)

주님은 우리를 구원 해 내시고 과연 수호천사를 시켜 늘 지키시는 것을 체험하고 있다.

"삼가 이 작은 자 중의 하나도 업신여기지 말라
너희에게 말하노니 그들의 천사들이 하늘에서
하늘에 계신 내 아버지의 얼굴을 항상 뵈옵느니라"
(마18:10)

개보다 나아야 천국 간다

예수님의 손발이 된 닉 부이치치의 삶
"이 모든 것이 하나님의 은혜"

밀알장애인장학복지기금 마련을 위한 2012 밀알의 밤이 주님의 영광교회에서 성대히 열렸다. 주강연자로 나선 닉 부이치치(Life without Limbs 대표)는 사지 없이 태어나 역경을 이겨내고 전 세계 수십만 명에게 희망을 전하고 있다. 그는 지난 2월에 결혼해 현재 아내 카나에가 임신해 출산을 앞두고 있다고 전하며 "이 모든 것이 하나님의 은혜"라고 하며 강연을 펼쳤다.

닉은 "내가 가진 큰 기쁨은 하나님께서 나와 남가주에 있는 여러분을 위한 계획이 있다는 것"이라며 "내게 팔 다리가 없지만 주시면 감사하고 안주셔도 감사할 것이다. 천국은 우울증이 없고 우리는 그저 감사하며 예배를 드릴 것"이라고 했다.

이어 그는 인도에서 수십 년간 포주로 일한 여인을 만났던 이야기를 전하며, "그 늙은 여인이 4년 동안 일어서지 못하고 앉은뱅이로 있었는데, 그 여인 동생이 나에게 '예수를 믿으면

"희망은 여전히 있다"
닉 부이치치는 강연에서 파워풀한 메시지로 청중들을 감동시켰다.

한번 일어서게 해봐'라고 했다. 나는 그 말에 도전을 받아 그 여인을 일으키기 위해 간절히 기도했다. 그랬더니 그 여인이 예수님께 고침 받아 방방 뛰는 것이 아닌가"라며 "그 여인은 150개의 사창가를 만든 자로 그런 여인까지 예수님께서 사랑하셔서 고쳐주셨다. 여러분도 부끄러워말고 하나님께 나오길 바란다"고 말했다.

닉은 "하나님께서 나를 쓰실 줄 상상도 못했다. 화장실도 혼자 못가고 늘 부모에게 짐이 되던 소년이었고 학교에서 놀림을 받고 절망에 빠져 욕조에서 물을 틀어놓고 자살을 시도했다"면서 "하지만 부모와 형제를 생각해 자살충동을 이겨낼 수

개보다 나아야 천국 간다

있었다. 결국 하나님께서 요한복음 9장 말씀으로 답을 주셨다. 날 때부터 소경된 자가 왜 그렇게 태어났는지 아무도 몰랐지만 그를 통해 하나님께 영광을 돌리기 위해서라고 하셨다"고 했다.

그는 또 "선교는 꼭 다른 나라에 가서 해야 되는 것만이 아니라 이곳에도 있다. 바로 여러분의 학교와 직장"이라고 했다. 마지막으로 닉은 "한국과 북한을 위해 나누고 싶다. 한국 사람처럼 기도하는 민족을 본 적이 없다. 하나님께서 여러분을 미국에 보낸 것은 미국 땅을 치유하기 위해서다"라며 "예수님을 더 이상 손님으로 만들지 말라. 예수님은 여러분과 나눌 것이 너무 많다. 여러분이 믿기만 한다면 말이다"고 강조했다.

닉은 목회자들과 함께 강연을 마치고 콜링 시간을 통해 강단 앞으로 모여든 수십 명의 영혼을 위해 간절히 기도했다. 이날 집회 참석자들은 주님의 영광교회의 수천 석을 가득 채웠다. 집회는 지난 24일 ANC온누리 교회, 25일 남가주 사랑의 교회에 이어, 사흘간 연인원 1만 명 가까이 동원됐다.

닉은 '사지 없는 삶(Life without Limbs)'이라는 장애인 비영리 단체를 만들어 4개 대륙 12개국 이상을 다니면서 강연하고 있다.

천국에서 큰 상을 받을 사람

"살리는 것은 영이니 육은 무익하니라 내가 너희에게 이른 말은 영이요 생명이
라"(요6:63)

사지가 멀쩡한 수많은 사람들은 놀고 있어도, 사지가 없는 이 사람을 들어 쓰시
는 주님이시다. 주님께 쓰임 받는 사람이 되게 해 달라고 기도해야 할 것이다.

개보다 나아야 천국 간다

제2부

01.
개보다 못한 인간의 모습

창조주 하나님이 인류의 첫 사람 아담과 그의 아내 하와를 지으시고 그들에게 이르셨다.

> "생육하고 번성하여 땅에 충만하라, 땅을 정복하라, 바다의 물고기와 하늘의 새와 땅에 움직이는 모든 생물을 다스리라"(창1:28).

이렇게 큰 복을 주셨으나, 그들은 하나님이 먹지 말라는 선악과를 따 먹고, 그것을 먹도록 유혹한 사탄을 따라 선과 악 중에서 악한 쪽으로 살게 되어 (창3:1-7) 아담의 후손들이 오늘에 이르기까지 악하게 살게 되었다. 선도 악도 모르는 아기 같이 백지상태였으나 그들에게 죄가 들어가서 주인 노릇을 하니 선은 모르고 악하게만 살게 되었다(요8:44, 딛1:15).

선악과가 먹음직하고 보기 좋고 지혜롭게 할 만큼 탐스러워 따 먹게 되었으니(창3:6) 그 결과 모든 사람은 감각(정)적으로 살게 되고, 특히 시각이 중요한 삶의 기능을 발휘하게 되었다. 사람마다 교육과 교양을 따라 겉모양은 어느 정도 차이가 있기는 하나, 속사람은 모두가 죄인이다.

> "만물보다 거짓되고 심히 부패한 것은 마음이라 누가 능히 이를 알리요마는 나 여호와는 심장을 살피며 폐부를 시험하고 각각 그의 행위와 그의 행실대로 보응하나니"(렘17:9, 10).

죄가 없다는 표시로 마스크를 벗을 수 있는 사람은 아무도 없다(롬3:10-12). 사람이 이성교제를 함부로 한다고 개 같은 사람이라, 혹은 개새끼라는 욕을 가장 많이 하게 되는데, 오늘날도 그런 욕을 할 수가? 사람이 개보다 얼마나 더 추하다는 것이 속속 드러나고 있다.

수년 전에 세계적으로 시끄러웠던 이성교제 사이트 애슐리 매디슨에 가입된 회원이 전 세계에 3,000만 명이 넘어선 때 해킹을 당하여 가입자의 신상 정보가 노출되자 결국 그 회사의 사장도 가망이 없어 물러난 그 음란극에 한국인도 최소 56,000명이 가입된 것이 확인 되었다고 하고, 회사 근처 캐나다 지역에서 공개된 회원 중에 4명 이상이 자살했다고 한다. 미국에서는 목사요 신학 교수인 50대 남자도 자살했다고 보도가 되었고, 미국과 캐나다의 여러 교단에서 목사와 교회 지도자 400 여명이 사직했다고 했다. "인생은 짧다 바람을 피우라"고 하여 회원을 늘리고 있었다니 어처구니가 없다.

개보다 나아야 천국 간다

아직도 이어지고 있는 Me too로 인하여 드러나는 사람 가운데서는 유명한 사람들도 있다. 개는 감출 줄도 모르고, 부모형제자매도 모르기 때문에 드러내 놓고 그러한 짓을 한다고 하면, 인간은 감출 줄 안다는 것 때문에 인간의 눈에는 감추어져 있어도, 독신으로 살게 되어 있는 종교단체에서도 그런 추악한 행위가 상상외로 많다는 것을 역사가 말한다.

개가 동성연애?

창조주 하나님의 창조 원리가 남녀로 구분하여 짓고, 암컷 수컷을 구분해 후손을 남기게 하셨는데 하나님을 거역하고도 복을? 그대로 두면 멸종할 수 밖에?

> "… 여자들도 순리대로 쓸 것을 바꾸어 역리로 쓰며 … 남자들도 순리대로 여자 쓰기를 버리고 …
> 남자가 남자와 더불어 부끄러운 일을 행하여 … 상당한 보응을 그들 자신이 받았느니라"(롬1: 26, 27).

이 성경을 알면서 교회에서 성직자(?)로 동성애자를 세우는 곳도 있고, 나라에서는 동성애자를 장관으로 세우기도 하니, 이게 모두 개보다도 못한 미친 짓이 아니고? 동방예의지국 한국에도 광화문 광장에 무지개 깃발을 휘날리며 시위를 하기도

하니, 개가 보고 웃을 짓거리이다.

△ 동성결혼이 합법화된 나라

네델란드(2001) : 세계 최초이다.
벨기에(2003), 스페인, 캐나다(2005), 남아공(2006),
스웨덴, 노르웨이(2009),
아이슬랜드, 포르투칼, 아르헨티나(2010),
덴마크(2012), 프랑스, 브라질, 뉴질랜드, 우르과이(2013),
아일랜드, 룩셈부르크, 미국(2015),
콜롬비아(2016), 핀란드, 독일, 호주(2017),
오스트리아, 대만, 에콰도르(2019),
영국, 코스타리카, 태국, 스위스(2020)

미국의 경우는 2004년 매사추세츠 주를 시작으로 각 주마다 입법, 법원 판결, 주민투표 등으로 그 범위를 넓히다가 2015년 6월 26일 연방대법원이 찬성5, 반대4로 미국 연방에서 허용하였다.
아시아 국가로는 대만이 2016년 총통선거에서 승리한 민주진보당이 법안을 제출하여 통과하였다.

△ 짐승과 수간(獸姦)이 합법화된 나라

스웨덴, 덴마크, 벨기에, 레바논(남성 허용, 여성 사형)
이러고도 사람이 개보다 낫다고? 정말 자존심 상하는 일이
지만 아니다. 개보다 못한게 확실하다.

> "그들이 마음에 하나님 두기를 싫어하매 하나님께서 그들을 그 상
> 실한 마음대로 내버려 두사 합당하지 못한 일을 하게 하셨으니
> 곧 모든 불의, 추악, 탐욕, 악의가 가득한 자요 시기, 살인, 분쟁,
> 사기, 악독이 가득한 자요 수군수군하는 자요
> 비방하는 자요 하나님께서 미워하시는 자요 능욕하는 자요 교
> 만한 자요 자랑하는 자요 악을 도모하는 자요 부모를 거역하는
> 자요
> 우매한 자요 배약하는 자요 무정한 자요 무자비한 자라"(롬
> 1:28-31)

> "너는 이것을 알라 말세에 고통하는 때가 이르러
> 사람들이 자기를 사랑하며 돈을 사랑하며 자랑하며 교만하며 비
> 방하며 부모를 거역하며 감사하지 아니하며 거룩하지 아니하며
> 무정하며 원통함을 풀지 아니하며 모함하며 절제하지 못하며
> 사나우며 선한 것을 좋아하지 아니하며
> 배신하며 조급하며 자만하며 쾌락을 사랑하기를 하나님 사랑하
> 는 것보다 더하며

경건의 모양은 있으나 경건의 능력은 부인하니 이같은 자들에게서 네가 돌아서라"(딤후 3:1-5).

성적 타락은 모든 도덕적인 타락의 원인이 된다

앞에서 동성애 이야기를 했거니와, 거기서부터 인간이기를 포기하기 시작해서 짐승하고 수간을 하기까지, 이것은 짐승에게도 욕을 얻어먹을 악한 짓이다. 수간의 경우는 짐승을 강제로 추행에 이용하는 짓이다. 어디 그런 짓을 짐승이 원하겠는가?

앞의 로마서에 기록된 말씀은 비크리스천의 모든 죄악을 총망라한 것이라고 하면 "그들이 마음에 하나님 두기를 싫어하매"(롬 1:28).

그 다음에 기록된 말씀은 "경건의 모양은 있으나 경건의 능력은 부인하니 이 같은 자들에게서 네가 돌아서라"(딤후 3:5)

이것은 크리스천이라고 하는 자들, 이단자들을 지칭하겠으나, 꼭 이단이 아니더라도 가능성은 얼마든지 있다. 경건한 듯이 차려입은 소위 성직자들의 성추행 사건이 끊이지 않고 있는 것이 말해준다. 평생 독신으로 성직(?) 이라는 것을 수행한다는 사람들도 심지어는 아동들을 상대로 추행을 한 사건들이 계속 일어나고 있고 사이비, 혹은 이단의 교주들의 나쁜 짓도

개보다 나아야 천국 간다

물론 빈번하다.

동성애자를 성직(?)자로 세우는 그런 종교단체도 있다고 했거니와, 그런 판국이니 더 무엇을 말하랴, 앞에서 미국의 여러 주나 세계적으로 동성결혼을 합법화한 나라들, 심지어는 수간을 허락한 나라들의 이러한 작업은 그들의 이웃 나라로 번질 가능성이 크다.

이러고도 인간이 개보다 낫다고 하겠는가? 옛날 그 때는 소돔과 고모라만 개보다도 못한 인간들의 세상이었으나, 이제는 전 세계 그 어디도 예외가 없이 소돔과 고모라보다 수십 배나 더 추악한 세상이 되었고, 수간이라고 하는 것을 합법화한 나라들, 그들의 나라를 사람이 사는 나라라고 할 수가 있을까? 이렇게 전 세계의 인간이 인간이기를 포기하고 있으니, 성경에 기록된 하나님의 심판이 임박한 것이 틀림없다. 옛날 소돔과 고모라를 멸하셨던 하나님이 그냥 보고만 계실 리가 없다.

사람이 이렇게 짐승보다 더 더러워졌기에, 앞에서 말세에 고통하는 때의 형편을 성경이 지적한 대로(딤후3:1-5) 허울은 인간이라도 행위는 악마의 짓을 하고 있는 모양을 우리가 보고 있다.

부모의 자식 사랑은 어떤가?

물론 모두가 다 그런 것은 아니지만 이 사랑도 무너지고 있다. 아이를 낳아서 쓰레기통에 버리거나 묻어 버리는 인간이 있고, 조금이라도 양심이 있는 사람은 대신 키워달라고 베이비 박스에 두기도 한다. 한국에서 베이비 박스로 봉사하는 대표적인 어느 곳에는 이틀에 1명 정도로 아이가 버려진다고 한다. 이 외에도 알려지지 않은 곳에서도 아이들을 받아 주는 곳들이 있으니 버려지는 아이는 더 많을 것이다.

그래도 이런 곳에 버려지는 아이는 또 다른 양육 시설에 보내게 되고, 거기서 또 입양하는 곳에 보내어 입양을 시키고 있지만, 아무도 모르게 땅에 묻히는 아이들이나 쓰레기통에 버려지는 생명까지도 있으니 심히 안타까운 현실이다. 어려운 형편 사정이 있을 것이다. 강간을 당해서, 근친상간등. 어떠한 경우라해도 이런 일은 사람의 도리가 아니다. 개는 이런 경우가 없다.

강아지 넷을 낳아 기르는 어미
누가 가까이 가면 강아지를 지키느라
물어뜯으려 하다가
어느 날 한 마리 줄어들고
그 다음 어느 날에도 한 마리씩
자취를 감추고
마지막 하나 남은 것도
눈에 안 보이는 날엔
눈물이 핑 돈다   졸작 「어미」

개보다 나아야 천국 간다

이런 일도 있다. 뭐냐고?

19세까지의 자녀를 합법적으로 '내 자식 아니다' 하고 버릴 수 있는 곳. 미국의 네브라스카 주. 우리 부모님들이 들으신다면 졸도하실 일!

잠깐! 어릴 때 어른들에게 들었던 이야기, 소가 늙어서 쓸모가 없어 백정에게 팔려가는 날, 백정의 냄새를 맡고 피하다가 끌려갈 때는 눈물이 주르르 흐른다고 했다. 이제는 부모가 자식을 버리는 것도 합법이라니 기가 찬다.

앞에서 이야기 하다가 잠깐 빼먹은 것이 있다. 미국의 메사추세츠 주에서는 합법적으로 다부 다처제로 살 수 있다니, 그런 곳에서는 부부가 오붓이 살기가 어려울 듯. 주위의 조롱감이 될터이니.

이런 악인들의 세상에서는 아이가 태어나도 누구의 아이인지? 그래도 어미는 있으니 어미 성만 존재하겠군. 어느 개가 이렇게 살고 있는가?

아니, 성전환 수술이 다 뭐냐? 여기가 바로 지옥이다.

이런 세상이고 보니 이혼 같은 것은 아무것도 아니다.

성경은 금하고 있으나 (마19:4-6) 악한 세상에 점점 물이 들어서 소위 황혼 이혼이란 말을 흔히 듣는다. 그래서 무슨 재미를 보겠다고? 개는 부부 싸움도 없고, 이혼 같은 것도 없다.

그래도 아직 모성애는 진하다

살기가 힘들고 하니 미혼으로 사는 남녀도 많고, 자녀를 낳아보지 못한 사람은 부모에 대한 애정도 없어지게 마련이지만, 그래도 아직 모성애는 남아 있다. 가끔은 처녀가 정자은행에서 씨를 받아서 아이를 낳아 키우는 경우도 있고, 미혼자가 입양을 해서 키우는 경우는 과거에도, 지금도 있고, 그래도 여자들이 자녀에 대한 애착이 많은 것은 하나님이 그렇게 지으셨기에 그러하다고 본다.

불난 집에서 자신을 구해내느라 얼굴에 화상을 입은 엄마를 못 생겨서 보기 싫어하던 그 아이가 성년이 되어서 어느 날 자기 엄마와 이모가 나누는 이야기를 엿듣고부터는 엄마를 엄청 귀하게 여기게 되었다는 것.

한국에서 있었던 사건. 38세나 된 아들이 빈번히 술에 취하여 먹고 노는 것을 보고 놀지 말고 뭣인가 하라고 했더니, 잔소리 한다고 아들이 대들기에 뺨 두 대를 치자, 아들이 의자로 치고 칼로 찔러, 엄마는 피 흘리고 죽어가면서, 아들에게 피 묻은 옷 갈아입고 도망가라고 했다. 이 아들 대법원까지 항소를 했으나 20년 징역형을 받았다고. 아들이 술에 취해 비정상이었다고 변명하는 그것부터가 사형을 두 번 당해도 마땅한 것.

개보다 못한 인간들의 세상을 이야기 하다 보니 끝이 없다. 17세 딸을 계속 범하고 심지어 수면제를 먹여 범하던 애비가 역시 항소까지 했으나, 24년 징역형. 무슨 낯짝으로 항소? 철면피는 몇 번 죽여도 마땅한 것.

다시 확실하게 증거 할 생각이지만 지금까지 이야기 할 때의 주인공들만 이런 죄인인 것은 결코 아니다. 아담의 후손 그 누구의 속에도 이러한 죄악의 씨앗이 살아 있다. 이것이 정말로 중차대한 문제다.

잃은 개 찾는다는 포스터가 붙은 것을 자주 본다. 잃은 개를 찾아 준다고 12만 달러를 보상했다는 뉴스도 있었다. 그러나 생존한 부모 중 한 사람을 제주도에 버리고 갔다는 이야기는 오래 전에 들었다. 이 기회에 알리고 싶은 것이 있다. 고려장은 일본인들이 한국을 자기네의 속국으로 만든 당위성을 주장하기 위해 지어낸 이야기가 퍼진 것이고, 우리나라 역사 기록에는 없고, 동방예의지국이었으니, 그럴 리가 전혀 없는 거짓말이다. 하여튼 잃은 부모를 찾는데 거액의 현상금을 걸었다는 말은 들어본 적이 없다는 것. 개에게 착한 일 했다고 칭찬하기 보다는 역시 개보다 못난 짓이다.

인간 자신이 혹은 위로를 받거나, 집을 지키는 데 도움이 되니까 애완동물을 가까이 해서, 개나 고양이를 위한 병원이 있다는 것, 어디에 갈 때는 호텔에 맡기기도 하나, 부모와는 소식을 끊고 살기도 하니 이런 게 인간이 선한가? 글쎄, 이기적인 인간이다. 애완동물의 소위 입양이 늘어나고 있다는 것도 인간이 이기적인 동물이란 것을 말하는 것이지 착하다고만 할수는 없다.

인간의 성이 타락하고 보니, 다른 문제는 큰 강의 둑이 무너지듯 사정없이 무너지고 있다. 결국 짐승들의 세상이 되어가고 있다. 인간은 죄가 있으니 짐승보다 훨씬 추악하게 된다.

미국이란 나라는 결국 총으로 망할 것이다. 총으로 쏴 죽이고, 자살하고, 인간의 감정이 폭발하는 곳에 항상 총이 있으니, 자제 같은 것은 효력이 없다. 예수님이 칼을 가지는 자는 다 칼로 망하느니라고 하신 것처럼 총은 칼보다 더 무서운 무기다. 한 방에 죽게 되고, 난사하여 여러 명을 일시에 죽일 수 있다. 이런 총기 사고가 매일같이 일어나고 미국에서 지난해 43,000명이 죽었다고 한다.

창조주 하나님이 땅위의 만물을 다스리고 주관하면서 살라고 사람을 지으시고, 이만한 특권과 특혜를 베푸셨으나, 인간 아담 부부가 타락하여 그의 후손이 사람의 도리를 다 하지 못하고 짐승보다 더 못한 짓을 하니 그냥 두실 리가 없다.

걸핏하면 개 새끼, 개 새끼 같은 놈이라고 말하지만 개는 사람처럼 살지 아니한다. 너무 흉악한 짓을 많이 하는 인간들이라서 사소한 것 말할 필요도 없으나 개는 이혼도 없고, 부모를 대적하거나 버리는 일도 없고, 자식을 버리는 일도 없다. 개나 고양이도 훈련을 시키면 똥도 오줌도 아무데서나 볼 일을 보지 아니한다. 하물며 사람이 다른 사람이 보지 않으면 아무데서나, 특히 그 깨끗한 공원 같은 곳에서도 볼 일을 본다.

개는 죽어가면서도 주인에 대한 의리를 지킨다. 이 책 안에 있는 사진에서도 나타나지만, 내가 집에서 기르던 개가 어느

개보다 나아야 천국 간다

날부터는 피똥을 싸기까지 묽은 똥을 계속 싸기에 개 병원에 물어보니 지금 그 병이 유행하고 있는데 고칠 수가 없고 곧 죽을 것이라고 했다. 다음 날인가 심방을 갔다 오니 꼬리를 흔들고 반겨서 회복되는가 하고 속으로 기뻐하며 방에 들어갔다 다시 나오니 그만 죽어 있었다. 사람 같으면 그런 위급한 상황에서 그렇게 반길 수 있을까? 바빠서 그랬다고 구차한 변명은 할 수도 있으나 운동도 안 시키고 거의 매일 줄에 매여 있었던 것을 지금 와서 생각하니 미안하기까지 하다.

전남 진도가 고향인 진도 개가 서울로 팔려 갔으나 몇 달 후에 진도로 다시 돌아왔다는 이야기도 있다. 진도에서 서울이 얼마만한 거리인가? 진도는 섬이기도 하다. 어떻게 돌아왔을까? 신기하기도 하다. 사람이라도 이렇게 돌아오기가 쉬운 일이 아니지 않는가? 태어나서 자란 곳 고향이 이렇게도 좋았던가?

어느 누구는 한국에서 미국으로 이민을 오면서 개를 데려오지 못하고 두고 왔다고. 낯선 주인에게 마음을 주지 못하고 그날부터 단식을 하다가 굶어 죽었다는 이야기도 있다. 이런 이야기는 살아가면서 듣고 또 들을 수 있다. 먹고 자고, 그것도 집이 없어 때가 묻고 또 묻어 더럽고 추한 담요 한 두장이나, 수레에 잡동사니를 가득 싣고 다니면서 짐승처럼 살고 있는 노숙자, 먹고 싸는 것도 적당히 처리해 버리고 다니는 사람, 아무데서나 아랫도리까지 함부로 벗기도 하는 사람, 이쯤이면 도덕이니 뭐니 할 것도 없지만 사람이라고 하기도?

개가 도둑이 와도 짖지를 못한다고? 주인이란 사람도 그런 짓을 하고 다니니 누구를 도둑이라고 짖을 수가 없다고 하는 말도 있다. 오늘 날에는 사소한 물건 하나를 훔치는 도둑, 그야말로 장발장이야. 도둑도 아니요, 나랏돈을 예사로 삼키는 사람도, 사기치고 빼앗고 하는 사람이 얼마나 많은가?

수양을 해서 도를 닦아서 그래도 좀 고상하게 보이는 사람도 많이 있다. 그리고 생활하는 환경에 따라서 도덕 수준이 높게 보이기도 하고, 되는 대로 살지 아니하고 자제력이 있어서 그래도 좀 고상하게 보이는 사람도 있다. 그러나 그 누구라도 사람 속을 들여다 볼 수 있다면 사람의 도덕 수준이란 형편없이 낮은 점수를 줄 수밖에 없을 것이다.

멀쩡하게 보이던 사람이 법적인 문제에 걸려서 세상에 그의 사생활이 알려지게 될 때 깜짝 놀라기도 하는 것, 이것이 모든 사람의 실상이라고 해야 옳을 것이다. 거의 예외가 없이 모든 사람은 법에서 밝혀져서 도무지 감출 수 없게 될 때까지는 자신을 폭로하지 아니하기 때문이다.

대통령을 지내고도 허물이 드러나 감옥에 들어가기도 하고, 수치스러워 자살을 하기도 하는 현실을 우리는 목격하고 있다. 개가 그런 짓을 하느냐? 훈련된 개는 주인이 주는 것 외에는 먹으려들지도 아니한다.

인간의 도덕생활, 개보다 나은 것이 없다 이래서야 되겠는가? 이야기를 하다 보니 또 하고 싶은 잔소리가 있다. 입양을

개보다 나아야 천국 간다

해 왔으면 따뜻이 어루만져 주고 돌봐야지 왜 데려와서 학대를 해서 죽이기까지 하느냐? 이런 인간은 개보다 못한 정도가 아니라 악마나 다름없다. 부모의 유산을 가지고 자녀들끼리 많이 가지겠다고 법정에까지 가고, 원수가 되기도 하고, 이 문제야 부자간에도 있으니 할 말이 없다. 개는 본능으로 먹이를 가지고 이웃끼리 다투기도 하지만 인간의 탈을 쓰고?

잠깐! 어릴 때 어머니께서 하신 말씀 '칼로써 물 베기'가 생각난다. 부모 형제 자매간의 어떤 다툼이란 칼로 물 베기와 같다고 하셨다. 칼로 물을 베면 아무 자취도, 자국도, 흠도 없이 사라지고 마는 것처럼, 금시 잊고 또 잘 지내게 된다는 말씀. 인간 사회의 추악한 모습은 이루 다 말할 수가 없다. 만약 개가 말을 한다고 하면 이러한 인간들은 상대도 하기 싫다고 할 것이다.

그렇다면 짐승에게까지 착한 일을 하는 사람들은? 이런 질문을 왜? 무슨 착한 일? 이것까지도 짐승이 사람보다 낫다는 증거다. 그렇게도 악한 인간들이 애완동물에게 잘 하는 것을 보면 그 이기적인 인간에게 사랑 받을 짓을 하니 사랑을 받는 것이다.

인간들은 더 살 수 있는 사람을 안락사 시킨다는 이유로 고의로 죽이기까지, 심지어는 자신의 어머니가 교통사고를 당해서 다리에 상처를 입었는데 일부러 치료를 지연시켜 패혈증으로 죽게 하는 자식도 있으니, 개에게도 할 말이 없다. 사람이 개보다 못하다고 해서 모든 사람이 다 그런 것은 아니다. 개보다도 못 하다고 할 때는 주로 무엇을 두고 하는 말이냐 하는 것을 다시 한번 정리해 보자.

첫째가 윤리도덕이다

"소는 그 임자를 알고 나귀는 그 주인의 구유를 알건마는 이스라엘은 알지 못하고 나의 백성은 깨닫지 못하는도다 …
행악의 종자요 행위가 부패한 자식이로다 그들이 여호와를 버리며 이스라엘의 거룩하신 이를 만홀히 여겨 멀리하고 물러갔도다
… 발바닥에서 머리까지 성한 곳이 없이 …"(사1:3-6).

"… 하나님께서 그들을 부끄러운 욕심에 내버려 두셨으니 … 부모를 거역하는 자요 …"(롬1:26-31).

앞에 있는 말씀은 구약에서 이스라엘을 향한 하나님의 말씀이요, 뒤엣것은 이방인들을 향한 말씀이라고 하겠으나, 부러지게 구분하기보다 전 인류의 죄상을 밝히 드러내고 있다. 이 모든 죄는 모두가 도덕적인 죄로 이렇게 부도덕하고 더럽고 악한 것이 하나님 없이 마음대로 사는 인간의 모습이다.

이보다 앞서 지적한 동성애를 비롯하여 모든 죄악을 많이 지적하였으니 무엇을 더 말하랴마는 앞에서 소는 그 임자를

개보다 나아야 천국 간다

안다고 하는 말씀처럼 개는 주인을 지키기 위해 생명도 아끼지 않는데 인간은 개보다 얼마나 악하냐?

하도 할 말이 많으니 이야기가 자꾸 길어진다. 말은 못해도 돈 달라고는 하지 않는다고 하면서 74세인 브라질의 노인이 자신이 키우던 염소와 결혼 한다고, 장소는 악마의 교회라는 교회에서. 신문에 난 기사. 여기서도 인간의 이기적인 모습이 보인다.

뉴욕에 살던 부유한 여인이(84세) 죽으면서 유산 300만 달러를 여기 저기 기부하면서 자신의 고양이 두 마리에게도 30만 달러를 주고 갔다나. 이것도 착한 짓이 아니라 짐승보다 아니, 그 고양이들만도 못한 증거다. 고양이가 말을 한다면 "이것 우리에게 하지 말고 저기 저 어려운 사람들에게 주시오" 했을 법하다.

애완동물들의 호텔도 있고, 병원도 있어 여러 가지 수술도 할 수 있다. 인간은 자기 어머니를 죽도록 버려두기까지 하는데도. 인간에게 무슨 도덕이 있는가? 이쯤 되면 인간이 개보다는 낫게 살아야 된다는 이유를 알만하다.

다음은 문화생활

인간이 인간이라고 큰 소리치고 사는 것은 여기에 있다. 과학, 예술, 문학, 스포츠 등등 이들 모든 분야를 총 망라한 것을 문화라고 할 수 있다. 짐승이 할 수 없는 것이 이것이다. 하나님이 인간을 창조하신 후에 그들에게 "생육하고 번성하여 땅에 충만하라, 땅을 정복하라, 바다의 물고기와 하늘의 새와 땅에 움직이는 모든 생물을 다스리라 하시니라"(창1:28).

아담이 타락한 후에도 잃어버리지 않은 이것들은 하나님이 주신 복이다. 오늘날 하루가 다르게 새것을 만들어 내고, 이루고, 정복하고 있는 인간 세상이 이것을 입증하고 있다.

사람들은 발견과 발명을 구분해서 말한다. 발명은 없는 것을 만들어 내는 것이라고 하고, 발견은 처음으로 찾아내는 것이라고 하나, 사실은 발명이란 것은 없고 모두가 발견이다. 창조주 하나님께서 창조해 놓으신 것에서 이것저것을 응용해서 만들어 내는 것이지, 없었던 것을 만들 수가 없는 것이 인간이다. 그런데도 무엇 하나를 더 만들면 그것으로 큰 소리치고, 근본을 주신 창조주 하나님을 무시하는 쪽으로 가고 있으니, 이것이 재앙을 부르는 원인이다.

이번에 나타난 코로나 재앙으로 많은 사람이 죽었고, 아직도 끝이 보이지 않고 있다. 갈수록 하나님을 대적하고 인간의 쾌락만을 생각하고 있으니 이런 재앙이 계속 이어질 것이다. 우주여행에서 우주정복, 어디에 누가 먼저 깃발을 꽂고 자기 영토로 삼느냐? 어리석은 생각을 버리라.

"하늘은 여호와의 하늘이라도 땅은 사람에게 주셨도다"

개보다 나아야 천국 간다

(시115:16)

하나님은 인간에게 우주를 정복하라고 말씀하신 적이 없다. 땅 위에 사는 것만으로 만족하고 살아야 한다. 한계 밖의 욕심을 부리면 망한다. SNS 이것이 오늘 세계를 지배하고 있다. 코로나 바이러스 이상으로 퍼진 것이 이 병이다. 이것 없이는 못 사는 사람이 절대다수이다. 이것이 무슨 부자방망이냐 쉴 새 없이 이것을 들여다보고 산다.

이것을 들여다보다가 운전을 잘못해서 길가는 사람을 죽이는 일로부터 가장 큰 문제는 크리스천이라도 성경말씀을 안 본다. 물론 이것으로 성경을 읽을 수도 있다. 그러나 그런 경우는 예배를 드리는 때나 기타 필요한 경우 잠깐 보는 정도다. 온갖 세상만사가 저장되어 있어 인간의 구미에 당기는 것들을 찾아보는 데 시간을 다 쓴다.

세계에서 가장 많이 팔리는 책이? 물론 성경이다 근데 지금도 그럴까? 성경뿐만 아니라 책을 안 읽는 사람이 점점 늘어만 간다는 것을 누구나 실감하고 있을 터. 이렇게 되면 문화라는 게 거꾸로 가고 있으니, 사람들의 성질은 급해지고, 정서는 불안정해진다. 그러지 않아도 한국인들의 별명이 빨리 빨리가 되어 버렸는데, 이 경우는 한국인들 외에도 대부분의 사람들이 이렇게 되어가고 있는 게 현실이다.

무엇보다도 가장 큰 손실은 사람들이 하나님과 점점 멀어지고 있다는 것. 예수님을 믿는 사람이 자꾸만 줄어들고 있는 것이 문제다. 성경을 안 읽는데, 복음이 어떻게 잘 전파될 수 있겠는가? 그렇게 되면 손해 보는 것은 사람 밖에 또 무엇이 있을까?

총을 많이 만들어 사람을 더 많이 죽이고, SNS로 오히려 인간의 지성을 죽이고, 핵을 만들어 결국은 지구를 태워 버릴 것이고, 바다가 아무 말도 안하고 있으니 온갖 문화 쓰레기를 다 버리다가 핵폐기물까지 버리니, 지구도 숨을 못 쉴 지경이 되어가고 있다.

문화가 보여 주는 예술, 스포츠, 문학 등이 있지 않은가? 이것들이 어느 정도 숨통을 뚫어 주기는 하나 책을 안 읽으니 문학은 쇠잔해질 가능성이 크고, 기타 예술이나 스포츠는 이것에 빠져 인간의 흥미 위주로 가다보니 미래를 내다보는 혜안이 흐려지기 쉽다.

왜 세상을 비관적으로만 보느냐고? 글쎄요 두고 보면 알게 될 것이오마는 뭘 낙관할 수 있다면 이야기해 보시오. 다음 차례에서 비관적일 수밖에 없다는 것을 확실히 보여 줄 테니 그때는 말문이 막히게 될 것이오.

예술, 곧 음악, 미술, 영화, 더 나아가서 스포츠 이런 것들은 일부 전문 지식이 있는 사람들이 즐기는 것이요, 절대 다수는 제대로 모른다. 보고, 듣고 시간을 보내는 데는 유익할 것이다. 그러나 그렇게 사는 것은 시간 낭비요 본인에게 무슨 삶의 가치를 주는 것은 별로 없다.

조금은 옛날에 아프리카에서 복음을 전하고 있는 리빙스톤을 만나러 가면서 어느 기자가 신문을 많이 오려서 가지고 갔다고 한다. 당시 그곳에는 생활이 어려워서 성경 밖에는 읽을 게 없었기 때문에. 그래서 그 곳의 많은 사람들이 예수님을 믿게 되었다고 생각하니, 예술이란 것이 풍성하다고 해서 참된 유익을 준다고는 볼 수 없다.

너무 실용적이라고 생각할지 모르지만, 생각하기에 따라서 자기 나름의 시간을 보내고 있는 것도 실용적인 사고방식이라고 하는 모양인 것은 틀림없다. 바로 미국이 실용주의 국가가 아닌가? 스포츠를 즐기는 관중, 기타 할리우드 쪽에는 다수가 많은 돈을 소비하면서 즐기고 산다. 그러나 그런 것은 주연이나 조연이나 제작하는 사람들과 팔아서 먹고 사는 사람들에게 유익한 것이지, 그런 것으로 시간을 보내는 사람들에겐 참된 유익은 없다.

잠깐! IT업계의 거장 스티브 잡스의 말을 들어보자. "당신의 인생은 유한하다. 그러니 타인의 삶을 사는 것으로 인생을 낭비하지 말라" 그리고 또 (stay hungry stay foolish) 늘 갈망하며 늘 우직하게! 라고 그렇게 살았기에 그는 많은 것을 해냈다. 최초로 만든 PC, 곧 개인용 컴퓨터 등 10가지 제품이 있고, 300개의 특허를 보유하고 있다.

그러나 그렇게 자기의 삶을 살았던 그도 2005년 스탠포드 대학 졸업식 연설에서 "천국을 믿는 사람들도 그 곳에 가기 위해 죽는 것을 원치 않는다. 나 역시 죽음을 원치 않는다. 그러나 죽음은 우리 모두가 공유하는 종착지다. 아무도 피해갈

수 없다"고 하고, 췌장암과 싸우다가 결국 56세의 젊은 나이
로 2011년에 생을 마감했다.

이런 사람도 있다. 최윤희라는 사람은 행복전도사라고 알려
져 있고, 그의 말대로 행복 바이러스를 퍼뜨리라고 하면서 많
은 사람들에게 행복하게 사는 법을 가르치고 다녔으나, 질병
으로 고생하는 그녀를 남편이 목 졸라 죽이고 남편도 자살을
하고 말았다. 이런 사람들은 많은 사람들을 보다 유익하게 하
는데 이바지하고 살았으나, 그럼에도 불구하고 그들은 생의
목적이 무엇인지는 모르고 살다가 갔다.

문화 창달로 우주여행을 가기까지 하고, 사람의 생활이 편
하고, 부유하게 살고, 모든 예술로 흥겹게 산다고 해도, 그 목
적하는 바 자신에게 참으로 유익한 삶이 못 된다면 한 평생 주
인을 위하여 살다가 가는 개보다 낫다고 할 수 없다.

"사람의 제일 되는 목적은 하나님을 영화롭게 하는 것과 영
원토록 그를 즐거워하는 것이라" 했다. 사람은 누구나 하나님
의 은혜로만 살아간다. 세상에 태어나게 하시고, 사는 터전인
땅을 주시고, 먹을 것 입을 것을 주시고, 이웃과 교제하며 살
게 하시는 모든 것이 은혜다. 크리스천 가운데서도 이런 말을
하면 '아니다. 내가 수고하여 살아가고 있다고' 할 사람이 있
을 수도 있으나, 정말로 몰라서 그런 말을 하는 것이다.

앞에서도 말했지만 하나님 지으신 것을 사용하고 응용하여
살아가는 것이다. 그런 좀 어려운 것은 제쳐두고 우선 햇볕,
공기, 물 등이 없으면 당장 살 수가 없다. 기타 기초적인 먹거

리들이 다 그러하다. 바다의 생선, 농작물 등등 사람들이 거두어들인 그것을 수고비를 내고 사 먹는 것이지, 그러한 생물이 살고, 자라게 하시는 분은 하나님이신 것을 왜 모르는가?

당장 최우선적으로 하나님께 감사와 영광을 돌려야 하는데, 인간이 스스로의 만족만을 꾀하고 살아가고 있지 않은가? 무엇을 만들어 내고 고안해 냈다고 기고만장하여 큰 소리치고 하나님 없이 살아가고 있다.

AI 소위 인공지능, 사람에게 지혜를 주시고 건강을 주셔서 고안해 낸 것인데, 그것이 다방면의 기술을 발휘하고 있으니, 그런 것 때문에 오히려 하나님을 멀리하게 되었다. 그런 것에 만족하니까. AI가 여러 사람들의 곡을 응용하여 더 좋은 음악까지 만든다고 하니 예술의 세계에도 큰 변화를 초래하고 있다. 여러 예술, 음악 미술 등등 사람들의 넋을 잃게 만드는 것들이 많다. 그러한 것이 바로 인생을 창조하신 하나님까지 잊어버리게 하고 있으니 심각한 문제다.

개혁자 칼빈은 "예술은 죄인들이 위로 받으라고 주신 하나님의 선물이다"고 했다. 하나님이 금하신 선악과를 따먹고 에덴동산에서 쫓겨나는 아담 부부에게 가죽옷을 지어 입히신 것과 비슷한 위로가 될 것 같다.

문화, 좋은 것, 찬란하고, 위대하고, 웅장하고, 무섭다. 그리고 망할 것들, 이 경우는 핵무기 같은 것이나 기타 문화 쓰레기 등이 될 것이다. 많은 문화의 혜택 받고 살면서도 예수님이 안 계시는 곳에서 부귀영화를 누리고 사는 것은 허무할 뿐이다.

잠깐! 신라에 망하는 백제를 보면서 3,000 궁녀가 낙화암에서 떨어지는 하나의 송이송이 꽃송이가 된 것은 왜냐? 그녀들의 사랑이 없고, 주인이 없으니 허무하다는 것 아닌가? 내 나라에 있는 낙화암에도 못 가본 것이 조금 아쉽구면.

저 유명한 「무기여 잘 있거라」의 작가 헤밍웨이는 노벨문학상 수상자로 화려하게 살았고, 그의 작품의 주제는 '죽음과의 대결'이라고 할 수 있는데도 애독자들에게는 삶에 대한 투지를 심어주고, 정작 자신은 쌍발 사냥총을 입에 물고 생을 마감했고, 우리가 지극히 사랑하는 시인 소월은 새파란 청춘의 나이에 스스로 생을 마감했다는 것은?

사람들은 부유하고, 편하게, 물론 때로는 참혹하게 죽이는 무기로 자신을 지키려다 오히려 죽기도 하는 문화가, 그 주인이 없을 때, 주인 없는 자율 주행차로 살다가 끝이 난다는 사실을 알아야 할 것이다.

윤리 도덕, 문화를 초월한 빨갱이가 사람일까?

한국 사람들은 과거를 잘 잊어버린다고 하는 것은 맞는 말인 것 같다.

"아아 잊으랴 어찌 우리 이 날을" 이렇게 시작되는 6·25의 노랫소리가 사라진지 오래다. 그리고 "나는 공산당이 싫어요" 하고 빨갱이들에게 맞아 죽은 소년의 이름도 가물가물하다.

잠깐! 나는 어릴 때 우리 마을과 이웃 마을에서 있었던 섬뜩한 사건들을 말하지 않을 수 없다. 깊은 산골에 진지를 만들어 놓고 살면서 밤낮으로 내려와서 마을에서 양식과 반찬을 약탈해간 빨갱이들. 하루는 대낮에 내려와서 설치는 데, 마침 그때 카투사에 입대한 한 청년이 휴가를 와서 멋있는 군복을 자랑스럽게 입고 다니다가 역시 우리 군복 비슷한 옷을 입고 나타난 빨갱이들을 보고 반갑다는 듯 상대하다가 빨갱이들이 이 청년의 옷을 벗기고 수갑을 채우듯 포승줄로 묶었다. 이 때까지도 이 청년은 우리 군이 장난을 치는 줄로 알았다가 결국엔 총을 겨누고 산골짝으로 앞장서서 가자고 했다. 그 때는 소도 한 마리 몰고 가고, 기타 김치통 등을 약탈해 갔다.

수년 후에 우리 군이 빨갱이들을 소탕한 다음에 들리는 소문은 빨갱이들이 그 청년을 체포해가서 바늘로 찔러서 죽였다고 했고, 그 청년의 어머니는 미쳐 날뛰다가 어디론가 온 가족이 이사를 가 버렸다.

또 하나 치가 떨리는 사건은 이웃 마을에 빨갱이들이 밤에 내려와서 약탈해 가면서, 그 마을 리장을 기둥에 묶어 놓고 몽둥이로 쳐서 죽였다. 총 소리를 내면 조금 떨어져 있는 파출소에서 출동이라도 할까해서다 이런 악랄한 짓을 하는 공산 빨갱이들은 바로 악마다.

그런데 이 빨갱이들에게 이적행위를 하고 양민을 학살하고 진급을 하는 비열하고 악질적인 우리 군도 있었다. 이 빨갱이들의 약탈을 막고, 주변 여러 마을들을 지키려고 주둔한 우리

군이 어느 날 이른 아침에 어느 산골 마을에서 우리 마을로 들어오는 청년 하나를 검문하니, 옷에 이슬이 묻어 있었다고 해서, 이 청년을 산골 깊숙이 숨어 있는 빨갱이들을 만나고 오는 첩자라고 몰아 고문을 통해 자백을 받아내고, 마을 뒷산에서 공개 총살을 하고, 마을 청년들에게 맨손으로 흙을 파서 묻으라고 했다.

지금 세계가 시끌시끌하는 문제, 곧 미군이 아프간에서 철수를 시작하자마자 탈레반이 바로 아프간을 집어삼킨 것이 우리의 마음을 울컥하게 한다.

우리들에게는 다른 세계 여러 나라 사람들처럼 강 건너 불구경이 아니다. 6·25, 그 이후 다시 1·4 후퇴, 그 이후에도 여러 차례 도발로 남한은 많은 인명과 재산의 피해를 입었고, 지금 남한에서까지 공산 빨갱이들을 향해 추파를 던지는 인간들도 있으니, 북한의 지하에서 기도하는 성도들의 기도와 남한의 1,200만 성도의 기도가 하나님께 상달하여 복음 통일이 하루 속히 이루어지기를 소망하는 길 밖에는. 공산당 빨갱이들, 악마의 손에 핵까지 쥐어져 있으니?

방금 들은 뉴스, 남미 어느 곳에선 자신의 신에게 제물을 바치는 행위라고 하면서, 자신의 아버지를 죽였다고 하고, 지금도 땅 위 어느 곳에 있을 식인종, 이런 것들이 세상 모든 인간들 속에 잠재해 있는 악한 죄악이다. 이래도 인간이 개보다 낫다고? 이 죄악에서 벗어나지 아니하면 하나님의 무서운 벌 지옥행 열차만 기다려야 한다.

개보다 나아야 천국 간다

02.
하나님이 내리시는 무서운 벌

인류 역사 이래로 세상에 큰 심판이나 재앙이 있었던 경우는 무슨 짐승이 세상을 해롭게 하기 때문에 일어난 것이 아니었다. 사람이 사람의 짓을 못하고 짐승보다 못한 짓을 할 때에 창조주 하나님께서 탄식하시고 벌을 내리셨다. 노아시대 대홍수심판, 그 때에 하나님이 말씀하신 것을 들어 보자.

> "… 내가 창조한 사람을 내가 지면에서 쓸어버리되 사람으로부터 가축과 기는 것과 공중의 새까지 그리하리니 이는 내가 그것들을 지었음을 한탄함이니라"(창6:7).

성경을 안 믿는 사람들은 성경을 무슨 신화나 전설로 생각하겠지만, 천지창조로부터 시작하여 인류 역사상, 성경만큼 확실하게 기록된 책은 없다. 그래서 책 중에는 성경이 세계에서 가장 많이 팔린다는 사실을 아는가?

그래서 알 만한 사람은 다 알고 있는 노아 때의 대 홍수심판, 이 심판으로 노아의 여덟 식구만 살아남았다. 재미가 있는 것은 한 문자로 배선자(船)는 배주(舟)와, 곧 여덟 식구, 그래서 배 선자는 방주를 의미한다고 하는 재미있는 해석을 하기도 한다. 하여튼 여덟 사람만 남았고, 그들도 그 당시의 사람들 보다는 바르게 살아서 심판에서 제외되었으나 그들이 낳은 후손들이 또 세상을 더럽게 만들었다.

이것이 우리가 잘 알고 있는 소돔과 고모라의 심판이다. 노아 때는 세상을 물로써 심판하셨고, 소돔 고모라에는 불로써 심판하셨는데, 이 때는 그 지방만 국지적으로 태워버리셨다(창19장).

기억하기로는 오래 전에 〈소돔과 고모라〉란 영화도 있었던 것 같은데, 소돔과 고모라의 심판은 이 시대의 모양이 그것을 반영하고 있는 것이다. 바로 동성애(롬1:26, 27 참고).

짐승은 동성애가 없다. 개는 그렇게 안 한다. 앞으로 이 세상에 임할 하나님의 심판은 역시 불로 태워 녹아지게 한다고 한다(벧후3:10-12). 인간이 동성애를 지나 짐승과도 그 짓을 하고 있으니 그대로 보고만 계실 하나님이 아니다. 그래도 모양이라도 사람처럼 사는 사람이라면 자기 자식이 동성애를 하여 아들이 또 다른 집 남자 아이를 며느리라고 데려온다면 받아 주겠는가? 짐승하고 산다고 하면 또 어쩌겠는가?

하물며 창조주 하나님이 그냥 계속해서 보고만 계실까? 이 땅덩이는 오래 가지 않아서 불타고 말 것이다. 하나님이 누구

개보다 나아야 천국 간다

를 시키시든가 아니면 벼락을 치게 하시더라도 온 세계 여러 나라가 보유하고 있는 핵폭탄을 불태운다면 저절로 온 세계는 불덩어리가 되고 말 것이다. 바야흐로 세계는 코로나로 난리가 났다. 지금 인도에는 하루 4,000명이 죽는다고 하고, 세계적으로 죽은 사람이 얼마? 이런 것도 하나님의 심판의 한 종류에 속한다.

화산, 지진 등이 계속되고 있고, 굶어 죽는 사람도 하루 4만여 명 (세계적으로), 온갖 질병, 사고가 얼마나? 홍청망청 먹고 마시고 노는 사람들도 있으나, 그러다가 일시에 충격을 받아 아수라장이 되고 쓰레기는 쌓이고 쌓여 버릴 곳이 없고, 바다로 들어가서 바다도 죽음의 바다로 변해가고.

사람의 두뇌가 얼마나 발달하고 또 발전되어가고 있는지는 다 알고 있는 사실, 그러나 그렇게 될수록 겸손하여 하나님께는 고개를 숙여야 하는데, 반대로 얼마나 기고만장한가? 우주여행의 티켓이 240만 달러에 팔리고 있다고? 화성에 가서 살 연구를 한다고? 지금 아이들까지 다 사용하고 있는 SNS가 요술방망이라고? AI가 뭐 어떻다고? 이 모든 것을 가지고 하나님, 곧 예수님 없이 사는 궁리만 하고 있으니 망할 징조 아니고? SNS 때문에 성경도 안 읽는 이 시대의 가는 길은 어디냐? 인간의 지능이 발달할수록 하나(예수)님을 무시하게 되니 이래도 될까?

"하늘에 계신 이가 웃으심이여 주께서 그들을 비웃으시리로다"(시2:4).

"주의 약속은 어떤 이들이 더디다고 생각하는 것 같이 더딘 것이 아니라 오직 주께서는 너희를 대하여 오래 참으사 아무도 멸망하지 아니하고 다 회개하기에 이르기를 원하시느니라"(벤후3:9).

물론 하나님의 예정하시고 택하신 백성이 다 구원 받기를 원하시는 것이요, 만민이 모두 구원 받게 된다는 뜻은 아니다. 예수님은 이 땅을 심판하러 반드시 오실 것을 약속하셨다. 지금 세상이 돌아가는 형편을 보면 그 날이 가깝다는 것을 느끼게 된다.

"천지는 없어질지언정 내 말은 없어지지 아니하리라"(마24:35)

"노아의 때와 같이 인자의 임함도 그러하리라
홍수 전에 노아가 방주에 들어가던 날까지 사람들이 먹고 마시고 장가 들고 시집 가고 있으면서
홍수가 나서 그들을 다 멸하기까지 깨닫지 못하였으니 인자의 임함도 이와 같으리라"(마24:37-39).

노아 때보다는 땅 위의 사람의 수가 여러 배가 더 많다는

개보다 나이아 천국 간다

것, 그러면서도 사람의 행위도 비교가 안 될 정도로 악하다는 것, 물론 그 때를 살아보지 못해서? 이대로 두고 계시는 것은 택하신 백성이 다 구원받을 수 있기를 참고 기다리시는 주님의 인내 때문이다.

> "주께서 너희 마음을 인도하여 하나님의 사랑과 그리스도의 인내에 들어가게 하시기를 원하노라"(살후3:5).

주께서 참고 기다리시는 인내, 바로 십자가의 인내, 그 인내를 본받아 우리도 참고 기다려야 한다. 크리스천의 인내는 주님이 주신 것이요, 주님이 기다려 주신다는 것은 얼마나 고마운지 모른다. 이런 말씀을 알게 되는 것부터가 얼마나 큰 은혜인지 모른다. 예수님이 언제 오실는지는 아무도 모르지만 끝날의 징조가 많이 나타나고 있는 것은 어쩔 수 없다. 사람이 사는 지구촌도 더러워 질대로 더러워지고 있다. 땅도 바다도 그러하다.

예수님을 영접하는 자의 수는 늘어나야 할 텐데도 줄어드는 것 같고, 그래도 복음이 전파되지 않은 곳은 점점 줄어들고 있고, 성경에 있는 대로 유대인들이 예수님께로 돌아오는 숫자도 늘어나기는 하나 언제까지 택하신 백성을 모으실지는 모른다(롬9:1-3). 아직 태어나지도 않은 사람들이 얼마나 되는지도?

그런데 가장 무서운 것은 많은 사람들이 들어서 잘 알고 있는 대로 예수님을 모른다고 하고, 안 믿으면 예수님이 오실 때 불로 타버리고 말면 차라리 좋으련만, 영혼이 지옥에 가서 영원토록 고생을 하게 된다는 것. 이 모든 말씀이 성경에 다 기록되어 있다.

"만일 네 눈이 너를 범죄하게 하거든 빼버리라 한 눈으로 하나님 나라에 들어가는 것이 두 눈을 가지고 지옥에 던져지는 것보다 나으리라

거기에서는 구더기도 죽지 않고 불도 꺼지지 아니하느니라

사람마다 불로써 소금 치듯 함을 받으리라"(막9:47-49).

윤리 도덕이 무너져 개도 안하는 짓거리를 하고 문화라는 것이 하나님을 멀리하는 쪽으로 가고만 있으니, 하나님의 심판이 문 앞에 이르렀다고 할 수 있다. 개는 윤리도덕 같은 것을 몰라도 그네들에게 주신 본능대로만 살아가고, 그들에게는 죽어서 지옥에 가는 심판 같은 것도 없다. 어떻게 살면 개보다 낫게 살아서 영생의 복을 누릴 수 있을까? 다음 순서에서 자세히 이야기 하겠다.

03.
개보다 낮게 살아야 된다

성경을 읽어보지 못한 이들을 위하여 다시 좀더 자세히 설명을 하겠다. 인류의 시조 아담이 하나님을 불순종한 죄로 세상에 죄가 들어와 모든 사람이 죄인이 되어 영적으로 죽었고, 또 육신도 영원히 죽어 지옥에 가게 되었다.

"그는 허물과 죄로 죽었던 너희를 살리셨도다"(엡2:1). 곧 죄 때문에 죽었다고 한다. 이것이 하나님의 판단이다. 그런데 이러한 죄인을 하나님이 살려 주셨다.

> "하나님이 세상을 이처럼 사랑하사 독생자를 주셨으니 이는 그
> 를 믿는 자마다 멸망하지 않고 영생을 얻게 하려 하심이니라"
> (요3:16).

하나님은 죄인들을 살리시려고 그의 아들 예수님을 처녀 마리아 몸에 하나님의 신, 곧 성령으로 잉태되게 하셔서, 그가

33세 때 죄인들의 죄를 대신하여 십자가에 못 박혀 돌아가셨다가 3일 만에 부활하신 후 40일 동안 세상에 계시다가 구름 타고 하늘나라로 올라가셨다.

다시 하늘로부터 구름 타고 오시면 예수님을 믿는 자들과, 믿고 무덤에 잠든 이들은 데려가시고, 그를 믿지 아니하는 자들은 영원한 벌을 받게 된다(살후1:7-10). 그래서 우선 예수님을 믿어야 죄에서 구원 받아 살게 되고, 이것이 개보다 나아지는 첫 단계가 된다.

어떻게 믿느냐?

이처럼 책을 읽거나 누구를 통해서 복음 전도를 받고 믿게 된다.

"믿음은 들음에서 나며 들음은 그리스도의 말씀으로 말미암았느니라"(롬10:17).

어떻게 전혀 처음으로 듣는 이름이요, 보지도 못한 사람인데 믿어지느냐? 이것이 정말 신기하고 놀라운 일이다. 믿게 되는 것은 하나님이 하신다. 하나님이 하나님의 신, 성령으로 거듭나게 하사 믿게 된다고 성경은 말한다.

"… 사람이 거듭나지 아니하면 하나님의 나라를 볼 수 없느니
라"(요3:3),

"육으로 난 것은 육이요 영으로 난 것은 영이니"(요3:6)

즉 모태에서 태어난 것은 육의 사람이라서 예수님을 모르
고, 하나님의 나라를 볼 수 없으니, 성령으로 한 번 더 거듭나
야 된다는 말씀대로 예수님에 관한 말씀을 듣게 될 때 믿어지
게 하시는 이는 하나님이시다. 이렇게 되어서 예수님을 믿게
된다. 그럼 예수님을 어떤 분으로 믿느냐?

예수님은 아담의 후손인 세상 모든 인간이 죄로 인하여 죽
은 것, 그 결과로 영원히 지옥에 갈 수 밖에 없는 것들을 살리
기 위하여 이 죄인들의 죄를 대신 짊어지고 십자가에 못 박혀
돌아가셨다.

유대인들은 이 사실을 모르고 예수님을 십자가에 못 박아
죽였으나, 그게 우연이 아니라 하나님이 그렇게 되도록 예정
해 두셨다가 그 때가 되어 실행하신 대로 된 것이다. 그러니까
하나밖에 없는, 그것도 무죄한 아들을 죽여서 그를 믿는 수많
은 사람들을 양자로 삼으신 것이다(롬8:15, 16).

이러한 내용은 성경에 모두 기록되어 있고, 예수님을 믿고
살아가는 모든 크리스천에게는 이 모든 사실이 믿어진다는 것
이 정말로 신기하다. 무엇보다도 더 중요한 것은 예수님이 우
리를 대신하여 벌 받으신 다음에 사흘 만에 부활하셨다는 것

이다. 그래서 성령으로 태어나신 신이시며, 또한 참 사람, 곧 무죄한 사람이신 주님이 살아계시기 때문에 그분의 영, 곧 성령께서 믿는 자와 늘 함께 계신다는 것이 귀하다(마28:20).

세상에 어떠한 종교의 교주도 죽었다가 살아난 사람은 아니기에 그들을 따르는 수많은 사람들은 부활에 대한 확신이 없고, 크리스천들처럼 믿는 사람들의 마음에 예수님이 계시는 그러한 경험을 할 수가 없다.

"아담 안에서 모든 사람이 죽은 것 같이 그리스도 안에서 모든 사람이 삶을 얻으리라"(고전15:22).

이참에 해주고 싶은 말은 예수님을 믿는 일은 종교 행위가 아니고, 죄인이 해야 할 필수다. 기독교라고 하는 것은 잘못된 표현이고, '예수 믿음'이 정확한 말이다(요3:16).

예수님을 믿으면 그때부터 죄가 없고 거룩해지느냐? 다시 말하면 개보다 낫고 사람다운 사람이 되느냐? 그런 것이 아니다. 크리스천의 속에도 그가 숨을 거둘 때까지는 죄가 있어서 늘 괴롭힌다.

"오호라 나는 곤고한 사람이로다 이 사망의 몸에서 누가 나를 건져내랴"(롬7:24).

그렇다면 "그런즉 누구든지 그리스도 안에 있으면 새로운 피조물이

개보다 나아야 천국 간다

라 이전 것은 지나갔으니 보라 새것이 되었도다"(고후5:17)

이렇게 새것이 되었다고 한 것은 왜냐?

새것이 되었다고 하는 것은 삶의 방향 전환이라고 하는 것이 옳은 것이다. 하나님 없이, 그리스도 없이 죽음의 길로, 좀 더 깊이는 지옥으로 가던 인간이 예수님께로 돌아서서 하늘 길로 간다는 것이다.

하나님이 보실 때는 하나님 없이, 그리스도 없이 사는 사람이 진짜 죄인이요, 그 밖의 사소한 죄도 죄이긴 하나 죽을 죄는 아니란 것이다(요일5:16, 17). 바울 사도도 그리스도 안에서 죄를 정복하고 살기는 해도 그 안에 죄가 있다고 고백했고(롬7:20) 모든 크리스천도 지금 경험하고 있다.

차츰 더 설명하겠고, 또 예수님을 영접하고 살면서 체험을 하겠지만, 이러한 사실, 크리스천도 새로운 피조물이 되었어도 역시 죄를 가진 죄인이다(롬7:17). 옛부터 지금까지 크리스천이면서도 여러 가지 죄로 얼룩진 모양은 우리들을 우울하게 하고, 세상의 빛이 되지 못해서 복음 전파에도 많은 지장을 초래하고 있다.

남의 이야기를 조금 할 수밖에 없는 것은 크리스천의 사회는 개방되어 있으니 무슨 일이 있으면 드러날 수밖에 없으나, 여러 종교에서는 은둔생활에다, 은폐하기 때문에 깨끗하게 보이나, 실상은 소위 금욕주의를 주장하는 사람들이 훨씬 더 부패하고 타락된 생활을 하고 있다.

새것이 되었다는 의미는?

하나님의 자녀가 되어서 사나 죽으나 주의 것, 곧 예수님의 소유가 되었다는 것이다.

"영접하는 자 곧 그 이름을 믿는 자들에게는 하나님의 자녀가 되는 권세를 주셨으니"(요1:12).

하나님은 세상 모든 죄인들을 구원하시려고 죄 없는 아들 그리스도 예수님을 십자가에 못 박아 모든 죄인들의 죄를 대속하게 하시고, 그 예수님을 믿는 자들은 모두 양자를 삼으셨으니(롬8:15, 16) 이것이 새로운 피조물이란 것이다. 앞에서도 언급한 대로 새로운 피조물이란 성령으로 거듭나서 예수님을 믿게 되었다는 의미다. 본래는 마귀의 자식이었으나(요8:44) 하나님의 자녀, 곧 양자이니 새것이 되었단 말씀이다.

예수님을 믿는 그 때부터 믿는 자에게는 죄가 완전히 사라지고 천사처럼 되었으면 좋으련만 인간이란 육신을 가지고 있기 때문에, 천사처럼 영체가 아니기 때문에, 죄성이 완전히 없어지지 아니하는 것은 어쩔 수 없다. 이 문제는 하나님께도 대책이 없다는 의미다. 일보 더 전진하여 하나님은 그의 아들 예수님을 믿는 자에게는 죄가 없고, 의롭다고 무죄선고를 하신다.

"그러므로 이제 그리스도 예수 안에 있는 자에게는 결코 정죄함
이 없나니 이는 그리스도 예수 안에 있는 생명의 성령의 법이 죄
와 사망의 법에서 너를 해방하였음이라"(롬8:1-2).

쉽게 말하면 죄의 근원은 죽음에서 시작되었으니, 곧 아담
이 선악과를 따 먹고 죽게 되었으니, 여기서 살게 되는 것은
예수님을 믿음으로만 된다. 하나님을 불신하고, 사탄을 믿고
선악과를 따먹은 것이다. 그래서 사는 길은 다시 하나님께로
돌아오는 길인데 이것이 예수님을 믿는 길이다.

"내가 곧 길이요 진리요 생명이니 나로 말미암지 않고는 아버지
께로 올 자가 없느니라"(요14:6)

하나님의 무죄선고, 곧 의롭다는 인정은 그 표준이 죄 없는
예수님이 죄인의 죄를 대속하신 사실을 믿는 데 두셨다는 것
이다. 다시 다른 종교의 이야기를 하지 않을 수 없다. 그들이
생각하기를 크리스천은 속세에서 죄를 지으면서 구원 받았다
느니, 천당에 간다느니 한다고 천박하다고 하고, 그래서 자신
들은 세상과 작별하고 출가를 하여, 속세와 상관없이 깨끗하
게 살아서 극락정토에 들어간다고 아예 성경을 거들떠보지도
않고 지옥으로 가고 있다.

크리스천은 하나님이 정하신 의의 표준을 알기에 묵묵히 믿
음으로 살아가고 있다. 그러나 문제는 크리스천이라는 사람들

가운데는 믿음으로 얻는 이 의로움의 귀함을 망각하고 방종으로 가서 세상의 빈축을 사게 된다. 그러나 아담의 죄로, 그 죄성을 이어 받아 죄 없는 사람은 아무도 없는 것이 사실이다.

"모든 사람이 죄를 범하였으매 하나님의 영광에 이르지 못하더니 그리스도 예수 안에 있는 속량으로 말미암아 하나님의 은혜로 값 없이 의롭다 하심을 얻은 자 되었느니라"(롬3:23, 24).

힘쓰고 애를 써서 거룩하게, 깨끗하게 살아서 천국에 가겠다고 생각하면 결코 그렇게 될 수가 없다. 예를 들어 예수님은

"나는 너희에게 이르노니 음욕을 품고 여자를 보는 자마다 마음에 이미 간음하였느니라"(마5:28) 하셨으니, 누가 이러한 죄에서 자유할 수 있으랴. 속세를 떠나 산속에 산다고, 수도원에 들어간다고, 독신으로 산다고? 어림없는 소리를 말라. 누가 하나님의 눈을 가리고 살 수 있으랴.

성령으로 거듭나서 크리스천이 된 사람은 알게 된다. 죄에서 자유하고 의롭게 되는 것이 오직 믿음으로, 하나님의 은혜로 된다는 것을 알게 된다. 그러니까 예수님이 나를 대신하여 죽고 또 사신 것을 믿고 지난 죄, 곧 예수님을 불신한 죄와 기타 모든 윤리적, 도덕적인 죄를 회개하면, 지금도 죄인이요, 앞으로도 죄 지을 가능성이 많아도 모든 죄를 용서하시는 것은 예수님의 공로 때문에 봐 주시는 은혜다.

국가나 사회의 법, 소위 민사소송이나 형사소송법은 벌써 죄를 멀리하고 깨끗하게 살고 있다고 해도 그 법의 유효기간 까지는 죄를 추적하여 사형 까지도 처할 수 있다는 것을 생각 하면 믿고 회개하면 바로 용서하시는 것은 특별한 은혜 곧 특별사면이다. 이 은혜를 모르는 여러 종교에서는 크리스천의 이 특별한 사면을 오해하여 아예 불신하고 믿으려 하지 않는다. 평생 수양을 하고 도를 닦고 해서 부처가 되든지 해탈을 해야 되는 것을, 멀쩡한 죄인이 금시에 무죄가 되다니? 하고, 평가절하 하고, 천박하다고 해 버린다.

죄의 늪에 빠진 인간을 건져 내는 데 심오한 철학을 동원한다는 것은 일을 더 어렵게 만든다. 더 중요한 것은 사람의 방법과 하나님의 방법이 다르다는 것을 알아야 하고, 죄라는 것이 누구를 상대로 범한 것을 말하느냐는 것을 바로 알아야 한다.

"내가 주께만 범죄하여 주의 목전에 악을 행하였사오니 주께서 말씀하실 때에 의로우시다 하고 주께서 심판하실 때에 순전하시다 하리이다"(시51:4).

그러니까 "내가 주께만 범죄하였으니 선악간 주께서 판단하실 일입니다"는 다윗의 고백이다. 다윗은 자기의 신하 우리아의 아내를 범함으로 인간을 상대로 범죄 했으나 모든 죄에 대한 판단은 오직 하나님의 권한이란 것을 말한다. 그래서 아무리 큰 죄라도 심지어는 세상 법정에서 사형 선고를 받고, 집행을 당한다고 해도 하나님께서 의롭다고 하시면 하나님 앞에 서는 깨끗하기 때문에 하늘나라에 들어가는 데는 아무런 장애가 없다. 그렇다고 해서 이 문제를 가볍게 여기고 내가 회개만 하면 될 일이라고 생각하고 함부로 죄를 범하면 결코 하나님이 그냥 두지 아니하신다.

예수님이 십자가에 달리셨을 때 함께 사형집행을 당하고 있었던 강도 두 명 중 하나와 말씀하셨다.

> "예수여 당신의 나라에 임하실 때 나를 기억하소서 하니
> 예수께서 이르시되 내가 진실로 네게 이르노니 오늘 네가 나와
> 함께 낙원에 있으리라 하시니라"(눅23:42, 43).

한평생 무서운 죄만 범하고 살아온 강도가 회개한 한마디가 그를 죄에서 완전히 해방시키고 천국낙원에 들어가는 영광을 얻게 하였다. 예수님은 그의 진정한 회개를 아시기 때문이었다.

아무리 수양하고, 자신을 비우고, 죄를 비우고, 깨끗이 산다고 해도 그것 가지고는 하나님 나라에 들어가지 못한다. 자신이 자신의 표준이 되어 비웠다, 죄가 없다고 해서 구원받은 것이 아니다. 아담이 하나님께 범죄하고 마귀의 편에 섰기 때문에 그 죄에서 완전히 돌아서야 되는데, 그렇게 되는 길은 예수님을 구주로 영접하여 하나님 편에 서야 한다(요14:6).

신문을 보니 인도의 힌두교도들이 소를 숭배하기 때문에 그

개보다 나아야 천국 간다

들이 쇠똥을 몸에 발라서 코로나를 물리치려고 온 몸에 똥칠한 모양을 보게 되었다. 이렇게 자기네들이 고안해낸 종교대로 살아가는 개보다 못한 인간들을 본다는 것이 기가 찬다.

개나 소나 짐승들은 죽으면 끝이요, 지옥형벌이 없다. 그들은 조상이 죄를 지어서 짐승으로 태어난 것도 아니요, 그것들이 죄를 지은 것도 없다. 어느 불교에서 말하기를 착하게 살면 착한 사람으로 다시 태어나고, 악하게 살면 독사처럼 악한 동물로 태어난다고 하는 것은 참으로 우스꽝스런 것이다. 정말 개가 들어도 웃을 일이다.

그래서 지금까지 길게 이야기한 것처럼, 모든 인간은 하나님과 원수가 되어 악한 길로만 살아 왔기에 비록 도둑질이나, 사기나, 살인죄를 짓지 아니했더라도 모두가 그 죗값으로 죽을 수밖에 없고, 죽어도 그것으로 끝나는 것이 아니고, 영원히 지옥의 형벌을 받아야 되기에 하나님의 아들 예수님을 구세주로 믿지 아니하면 개보다 못한 삶이 되는 것이다.

"만일 네 눈이 너를 범죄하게 하거든 빼버리라 한 눈으로 하나님의 나라에 들어가는 것이 두 눈을 가지고 지옥에 던져지는 것보다 나으니라
거기에서는 구더기도 죽지 않고 불도 꺼지지 아니하느니라
사람마다 불로써 소금 치듯 함을 받으리라"(막9:47-49).

"내가 와서 그들에게 말하지 아니하였더라면 죄가 없었으려니와 지금은 그 죄를 핑계할 수 없느니라"(요15:22).

조금 전에 힌두교도들의 이야기를 한 것처럼 하나님을 믿지 않는 사람은 심판을 피할 수 없다.

"스스로 지혜 있다 하나 어리석게 되어
썩어지지 아니하는 하나님의 영광을 썩어질 사람과 새와 짐승
과 기어다니는 동물 모양의 우상으로 바꾸었느니라 …
하나님의 진리를 거짓 것으로 바꾸어 피조물을 조물주보다 더
경배하고 섬김이라"(롬1:22-25).

이러한 사람이 어떻게 하나님의 인정을 받아 하나님이 계시는 하늘나라에 들어갈 수 있겠는가? 마음을 고쳐먹고 자기 스스로 수양을 하여 깨끗하게 선악간 모든 것을 비우고 산다고 한들, 그렇게 되면 결국 자신이 왕이요, 자신이 신이요, 자신이 주인이니 철저한 무신론자요, 인본주의자니, 그 죄인이 설 자리가 어디겠는가?

부처를 만들어 놓고 숭배하고 그 부처처럼 되라고 가르치지만 절만 한다고 그 사람들이 구원을 받으며, 그들이 도를 닦는다고 무엇이 되겠는가?

하나님이 창조하신 아름다운 산 속이나 계곡에서 큰 절을 지어놓고 부처를 만들어 세우고, 앉히고 그것들을 숭배하며 바치는 시줏돈으로 거부가 된 종교단체가 많으나, 그네들은 예수님도 없고, 물론 하나님도 없는 무신론자들이니, 그들에게 결코 천국은 있을 수 없으니, 불쌍한 사람들이다.

개보다 나아야 천국 간다

자기 스스로 수양내지 도를 닦아 부처가 되어 극락에 간다는 이들은 자비를 베풀어야 한다고 하면서 생물을 잡아먹으면 안 된다고 해서 특히 개고기는 안 먹는데, 그러하다고 참으로 자비가 되겠는가? 인도 사람들이 소를 숭배하여 쇠똥을 몸에 발라서 코로나를 물리치려는 것과 무엇이 다르랴?

개보다 낫게 사는 첫 단계는 예수님을 영접하는 믿음이라고 했다. 그래서 하나님께 의롭다는 인정, 곧 무죄선고를 받았으니, 개도 안가는 지옥의 신세를 면하게 되고 하늘나라 영광을 누리게 되었다.

다음 단계는 세상사는 동안에 개보다 나은, 사람답게 사는 방법이 무엇인가? 앞에서 여러 차례 인간 세상의 더럽고 악한 모습을 이야기 했거니와 그러면서도 크리스천 안에도 죄가 있어서 잘못 가기 쉬운 점을 말했으니, 여기서는 새로운 피조물이 새롭게 사는 법을 알아보자.

> "… 겉 사람은 낡아지나 우리의 속사람은 날로 새로워지도다"(고후4:16).

크리스천은 예수 그리스도의 영이신 성령께서 그들의 안에 계시기 때문에 날로 새로워질 수가 있다. 먼저 삼위일체, 성부, 성자, 성령에 대한 이해부터 해야 할 것 같다. 인간의 생각으로 이해하기는 쉽지 않다. 크리스천이 되면 믿어지는 그대로 믿고 살아야 한다.

영원 전부터 성부, 성자, 성령, 곧 삼위일체 하나님이 계셨고 (요1:1, 17:5) 성부 하나님도, 성령 하나님도 영이시며, 약 2천 년 전에 사람으로 이 세상에 오신 성자 예수님은 처녀 마리아 몸에 성령으로 잉태되셔서 태어나셨기에 사람이시며 하나님이신데, 이 삼위가 일체, 곧 한분 하나님이신 것은 신비 중의 신비이다. 마치 삼각형의 삼면처럼, 분리도 안 되고, 분열도 안 되고, 분할도 안 되는 일체인 하나님이시다.

그러면서도 삼위의 하나님의 하시는 역할은 다르다는 것 이러한 이치는 이해하기 보다는 믿어야 한다. 그 삼위 중 한 분이신 성령께서 우리가 예수님을 믿고 의롭다고 하시는 인정을 받고 난 다음 우리가 하늘나라에 가기까지 우리 안에 계신다 (마28:20).

예수님은 성령으로 잉태되어 태어나신 하나님과 사람, 곧 신인 양성을 가지신 분이라 무죄하시지만 인간 크리스천은 사람, 곧 죄인이 성령으로 거듭났기 때문에(요3:2, 5). 예수님을 믿고 삼위일체 하나님의 사람이 되었으나, 죄가 있다는 것이 확연히 다르다. 그리고 또 어려운 문제는 성령께서, 곧 하나님도 예수님도 우리 안에 계시고, 역시 죄도 우리 안에 그냥 있다는 것이다. 그래서 예수님을 닮아서 거룩하게 살려면 늘 성경 말씀을 기억하고, 또 기도를 드려야 하는 것이 숙제이다.

크리스천의 목표는 성령님의 사람이다

성령으로 거듭나서 예수님을 믿고 하늘나라에 가게 되었으니, 이제는 날로 새롭게 되기 위해서 성령님의 사람으로 사는 훈련을 해야 된다. 성령님이 내 안에 계신다는 것을 믿고 성령님과 의논하며 살아야 한다.

> "그 날에는 내가 아버지 안에, 너희가 내 안에, 내가 너희 안에 있는 것을 너희가 알리라"(요14:20).

> "너희는 믿음 안에 있는가 너희 자신을 시험하고 너희 자신을 확증하라 예수 그리스도께서 너희 안에 계신 줄을 너희가 스스로 알지 못하느냐 그렇지 않으면 너희는 버림 받은 자니라"(고후 13:5).

대다수의 크리스천은 구원 받았다는 것을 믿으면서도 성령님을 모시고 사는 방법을 몰라서 자신 안에 계시는 성령님을 근심시키고 산다.

> "하나님의 성령을 근심하게 하지 말라 그 안에서 너희가 구원의 날까지 인치심을 받았느니라"(엡4:30).

예수님이 다시 오셔서 성도가 부활과 영생에 들어가는 그 날까지 함께 계시는 성령님을 근심시켜서는 성도 자신도 편할 수가 없고 괴롭게 된다.

성령님과 의논하고 성령님의 뜻에 따라 사는 방법은 성령님의 저서인 성경(딤후3:16)을 늘 읽고, 마음에 새기고 살면서 기도해야 한다. 예수님이 바로 그렇게 사셨다. 예수님은 하나님이시기에 무슨 문제가 있으면 언제나 성경으로 해결하셨다(마4:1-10).

예수님은 하나님이셔서 배우지 않아도(마13:55, 56) 성경을 잘 아셨지만, 우리는 성경을 열심히 배우고 익혀서 항상 말씀에 따라서 살고 기도해야 한다. 크리스천이라는 사람들도, 무슨 직분을 받아서, 오래 교회생활을 한다고 하면서도 말을 함부로 하고 생활이 반듯하지 못한 사람이 더러 있다. 날이 갈수록 늙어만 가는데 나이든 사람에게서는 젊음도, 예쁜 것도 사라지는데, 무엇으로 더 사랑받고 존경 받을 수 있겠느냐? 성질을 부리는 사람을 보고 성질이 개떡 같다고들 하는데, 그렇게 되면 아직도 개보다 못하다는 것 아니고 무엇이냐?

크리스천인 내가 성령님과 의논하고 사는 삶? 이를 테면, 누가 미국에 와서 부자가 됐다고 하기에 처음엔 아메리칸 드림을 이루었구먼 하고 속으로 생각하다가 아니야. 천국드림을 이루어야지 하고 고쳐 생각을 하게 된다.

예수님을 모르는 사람은 돈 벌어 잘 살면 꿈을 이루었다고 하지만 그건 어쩌면 돼지꿈쯤 밖에 아무것도 아니다. 크리스천의 아메리칸 드림이라면, 여기 와서 신앙생활을 잘하고, 복

음을 위하여 헌신한다든지, 그러한 사람으로 사는 것이어야
한다.

어떻게 성령님의 사람으로 살까?

먼저 예수님의 교훈을 들어보자. 예수님은 산상보훈으로
'성령님의 사람' 모습을 가르치셨다. 우선적으로 팔복만 지켜
행하고 살면 반듯한 성령님의 사람이 될 것이다(마5:3-12).
그 다음으로 하신 교훈은 열매를 맺으라고 하셨다.

"그들의 열매로 그들을 알지니 … 이러므로 그들의 열매로 그들
을 알리라 나더러 주여 주여 하는 자마다 다 천국에 들어갈 것이
아니요 다만 하늘에 계신 내 아버지의 뜻대로 행하는 자라야 들
어가리라"(마7:16-21, 참고 요6:40).

물론 행함으로 구원을 얻는다는 것은 아니다. 다시 예수님
의 교훈은 포도나무와 가지에 대한 말씀이다

"나는 포도나무요 너희는 가지라 그가 내 안에, 내가 그 안에 거
하면 사람이 열매를 많이 맺나니 나를 떠나서는 너희가 아무 것
도 할 수 없음이라"(요15:5).

여기서 열매란 물론 복음의 열매도 될 수 있으나 성령님의 열매임에 틀림없다. 다음으로는 바울을 통하여 주신 말씀에서 성령님의 열매가 바로 기록되어 있다. 성령으로 거듭 났으니 (요3:3, 5) 예수님의 말씀하신 나무는 역시 성령님의 나무요, 그 나무의 열매인 성령님의 열매인 것이다(마7:16-18, 갈 5:22, 23 참고).

성령님의 아홉 열매가 주렁주렁 열려 있는 모습이 크리스천의 진정한 모습이다. 이 열매를 좀 더 설명을 한다면 더 거룩한 흥미가 진진하다. 뭐냐?

고린도전서 13장의 사랑이다. 그 사랑이란 크고 완전하고 완숙한 열매의 신기한 맛은 갈5:22, 23에 있는 성령님의 아홉 가지 열매가 다 녹아 있다는 것, 그 사랑의 열매와 성령님의 아홉 가지 열매의 맛을 씹어보라. 너무나 신기하게 거의 같은 맛이 나지 아니하는가?

바울은 여기 이 사랑의 열매에 대해서 이것이 없으면 아무것도 아니요, 아무 유익이 없다고 하고(고전13:1-3) 사랑 없는 생활은 어린이의 생활이라(고전13:11) 했다. 물론 이 사랑은 하나님이 인간을 구원하시는 그 사랑, 오직 주는 사랑, 헌신적이고 희생적인 사랑이란 것이 사랑의 열매에 다 녹아 있으니, 이것에 만점을 못 받는다고 해서 사람답지 않다고 하기는 너무 짜게 점수를 주는 것 같기는 하나, 이러한 목표에 도달하도록 살아야 더 많은 상급이 있을 것이다.

다시 또 이 아가페 사랑에 대해서 이야기 하자면 요한의 복음서나 서신에서는 사랑에 대해서 설명도 없다. 그냥 사랑이면 다라는 것이다. 하나님이 외아들 예수님을 십자가에 못 박아 희생을 시키고 수많은 죄인을 구원하신 그 사랑(요3:16) 이면 그만이지 다른 것, 그 어떤 것을 말할 필요가 있겠느냐는 것 아닐까? 베드로에게 주님이 다짐 하신 말씀 "이 사람들보다 나를 더 사랑하느냐?"(요21:15) 이것 이상 없다는 것 아닐까?

요한이란 사람, 그는 주님이 당하신 고난의 길을 말 못할 아픈 가슴을 안고 따라갔던 유일한 사도가 아닌가? 주님이 우레의 아들이라고 별명을 지어 주셨을 정도로 과격한 성격을 가졌던 그들 형제 였으나(막3:17) 주님의 십자가를 목격하고 난 다음에는 그의 가슴에는 철저히 사랑 그것만 새기고 살기로 작정을 한 것 같다.

그래서 그가 쓴 복음서는 물론, 서신의 내용에는 사랑이란 단어가 성경 어디에서 보다도 많이 나타난다. 요한 그는 그 자신과 십자가의 관계, 십자가의 체험 같은 것은 거의 기록하지 않고 사랑에 대하여, 특히 주님의 사랑에 대한 기록이 많다. 그 이유는 그가 주님의 십자가를 목격했기에 자신이 당하는 고난이나 십자가는 감히 말할 수 없게 되어, 주님의 사랑만 강조했을 것 같다. 다시 바울에게로 돌아가 본다면 그는 죄인 괴수인 자신을(딤전1:15) 십자가에 못 박아야(고후4:10, 11) 그 크신 은혜를 보답하는 일, 곧 복음을 전하겠다는 일념인 것 같다.

"내가 너희 중에서 예수 그리스도와 그가 십자가에 못 박히신 것 외에는 아무 것도 알지 아니하기로 작정하였음이라"(고전2:2).

"내가 그리스도와 함께 십자가에 못 박혔나니 그런즉 이제는 내가 사는 것이 아니요 오직 내 안에 그리스도께서 사시는 것이라 이제 내가 육체 가운데 사는 것은 나를 사랑하사 나를 위하여 자기 자신을 버리신 하나님의 아들을 믿는 믿음 안에서 사는 것이라"(갈2:20).

잠깐! 이제 여든의 고개를 넘어가고 있으면서 약간 철이 들어가는지 생각나는 것은 난 무엇을 가르쳤던가? 뜨겁게 십자가를 가르치고 또 전하지 못한 것이 너무나 부끄럽고 죄송할 뿐이다.

십자가를 넘어서 사랑에 묻혀, 아니 사랑의 바다에서 헤엄을 쳤던 요한은 사랑이 묻어나는 그의 얼굴을 보고 원수들도 감히 죽이지 못해서 밧모섬에서 그치게 된 것 같고, 바울은 모질게도 많은 사람들을 박해하고 죽이는 일에도 가담하였기에 (행7:58, 22:19, 20). 바울 스스로도 십자가를 지기로 작정했고, 죽을 고생도 수없이 겪었다(고후1:8, 11:23-29). 그러다가 결국 그는 주님께 피를 바치고 갔다(딤후4:6-8)

잠깐! 나는 순교라는 말을 쓰지 않으려 한다. 크리스천이 주를 위해 죽는 것이지 교를 위해 죽는 것이 아니다. 우리가 믿는 것도 예수 믿음이지 기독교가 아니다. 교라고 부르니까 다

개보다 나아야 천국 간다

른 종교에서 자기네들처럼 하나의 종교라고 여기고 십자가로 돌아오지 아니한다.

이렇게 하여 사랑이란 절정으로 가야 크리스천답게, 성도답게 살아간다고 할 수 있다. 물론 개보다 낫게 사는 첫 걸음은 거듭나서 예수님을 믿음으로 시작되는 것이다. 이유는 개는 죄가 없다고 해도 하나님도 모르고 천국도 없다. 개가 주인을 섬기는 것이 대단하다고 해도 결코 사람은 될 수 없고 천국도 없다.

열매 맺는 삶

곧 성령의 열매를 맺게 되면 성공적인 삶을 살았다고 하겠다. 비록 완전히 거룩하게 되지는 못했더라도 거의 무르익은 열매를 보게 되고 결과 영광은 하나님이 받으시게 된다.

"너희가 열매를 많이 맺으면 내 아버지께서 영광을 받으실 것이요 너희는 내 제자가 되리라"(요15:8).

여기서 과실은 전도의 열매도 포함된 것이지만, 이 전도의 열매가 열리도록 수고하는 데는 사랑의 열매가, 곧 성령님의 열매가 없이는 불가능한 것이다. 다시 바울에게로 돌아가 보자.

"나는 선한 싸움을 싸우고 나의 달려갈 길을 마치고 믿음을 지켰
으니 이제 후로는 나를 위하여 의의 면류관이 예비 되었으므로
주 곧 의로우신 재판장이 그 날에 내게 주실 것이며 내게만 아니
라 주의 나타나심을 사모하는 모든 자에게도니라"(딤후4:7, 8).

믿음으로 살면 천국에는 가지만 의의 면류관을 받기까지는,
곧 그만한 상급을 받게 되기까지는 사랑이란 열매가 없이는
불가능한 것이다.

"… 사랑이 없으면 … 내가 아무것도 아니요 … 사랑이 없으면
내게 아무 유익이 없느니라"(고전13:1-3).

요한에게서도 알아보자 "하나님이 우리를 사랑하시는 사랑을 우
리가 알고 믿었노니 하나님은 사랑이시라 사랑 안에 거하는 자는 하나님
안에 거하고 하나님도 그의 안에 거하시느니라"(요일4:16).

"사랑 안에 두려움이 없고 온전한 사랑이 두려움을 내쫓나니 두
려움에는 형벌이 있음이라 두려워하는 자는 사랑 안에서 온전
히 이루지 못하였느니라"(요일4:18).

이런 말씀들을 보면 요한 그도 사랑의 열매를 맺어 거의 거
룩함에 달했던 것을 알 수 있다.

개보다 나아야 천국 간다

무엇보다도 귀중한 하나님의 은혜

먼저는 예수님을 믿는 믿음에서, 성령님의 사람으로 산다고 했거니와, 처음 믿음이란 것부터 성령으로 거듭나게 해 주셔서 믿는 것이니 은혜로 시작된 것은 두 말할 필요도 없으나, 이제부터 다시 알아볼 것은 보다 더 근원적인 은혜다.

하나님이 예정(선택)하신 구원

"하나님이 미리 아신 자들을 또한 그 아들의 형상을 본받게 하기 위하여 미리 정하셨으니 이는 그로 많은 형제 중에서 맏아들이 되게 하려 하심이니라

또 미리 정하신 그들을 또한 부르시고 부르신 그들을 또한 의롭다 하시고 의롭다 하신 그들을 또한 영화롭게 하셨느니라"(롬 8:29-30).

아시고 – 정하시고 – 부르시고 – 의롭다 하시고 – 영화롭게 하셨다는, 이렇게 연결된 말씀을 구원의 황금사슬이라고 부른다. 그러면서 이 말씀의 내용은 처음 정하실 때, 그때 일시에 다 그렇게 되도록 하셨다는 것이며, 한 번 그렇게 되게 하심으로 영원히 되게 되어 있다는 것이 성경 원어의 뜻이라고 하면 다시 한 번 더 놀랄 수밖에 없다.

이제부터는 황금사슬의 한 부분, 한 부분을 보다 자세히 그

의미를 되새겨 보자.

미리 아셨다는 것

이것은 언급할 필요도 없는 것인데도 자세히 말하고 있다. 하나님이 미리 모르시는 것이 어디에 있는가? 이 성경을 오히려 어리석게 오해하는 사람들도 있다.

뭐냐? 하나님이 그 누가 예수님을 믿을 줄 알고 예정(선택) 하셨다고 보아, 하나님 편에 권한을 두는 것이 아니라, 사람의 선택에 더 무게를 두게 되어 큰 오류를 범하고 있다. 그러나 이런 오해는 바보 같은 착각이다. 이렇게 말하는 그들도 거듭난 참 신자라면 스스로 예수님을 믿을 수 있는 사람이 아니란 것을 알 수 있을 것이다. 거듭나야 믿게 된다. 시간상으로 거듭나는 것과 믿는 것의 차이를 말하기 어렵더라도 순서는 그러하다. 그렇다면 누가 먼저냐? 하나님(성령)께서 먼저 손을 쓰신 것이다.

> "내가 너를 모태에 짓기 전에 너를 알았고 네가 배에서 나오기 전에 너를 성별하였고 너를 여러 나라의 선지자로 세웠노라"(렘1:5).

예레미야만 아니고 모든 크리스천은 이렇게 하여 주의 소유가 된 것이다. 이것으로도 이해를 못한다면 더 놀라고 또 놀랄 말씀이 있다.

> "찬송하리로다 … 모든 신령한 복을 우리에게 복 주시되 곧 창세
> 전에 그리스도 안에서 우리를 택하사 …
> 우리를 예정하사 예수 그리스도로 말미암아 자기의 아들들이
> 되게 하셨으니"(엡1:3-5).

하나님이 말씀하신 것은 예, 그렇습니까, 감사합니다. 하고 그대로 순종하고, 믿으면 될 것을 왜 다른 트집을 잡고 못난 짓을 하는지 모를 일.

다음은 미리 정하심, 곧 예정(선택)이다

앞에서 창세전에 택하시고 예정하셨다고 했으니(엡1:4-5) 다시 언급할 필요가 없다. 사실은 예정하셨다면 만사가 오케이다. 더 무슨 말을 할 필요가 어디 있는가. 얼마나 든든하고 안심을 시키는 말씀인가?

이 예정을 안 믿고 어쩌든지 인간이 스스로 믿는다고? 심지어는 내가 안 믿으면 예정도 필요가 없다는 등 어린이가 철없이 설치는 듯한 모양은 한심하다. 이 은혜가 얼마나 놀랍고 든든한가? 이 연약하고 무지하고 흔들리기 쉬운 인간에게 맡기지 않고 하나님이 딱 정해 놓고 '너는 내 것이다'고 하시니 얼마나 든든하냐 이것이 바로 은혜, 오직 은혜다.

칼빈주의 5대 진리

이 참에 칼빈주의 오대 교리, 난 교리란 말을 쓰기를 꺼린다. 이유? 기독교가 아니고 '예수 믿음'이다. 하나의 종교가 아니란 말이다. 칼빈주의 오대진리라고 하고 싶다. 칼빈주의란 말도 칼빈이 만든 것이 아니고 성경에 있는 것을 뽑아서 요점을 정리한 것이다. 하도 이단과 유사 종교가 물의를 일으키는 일이 많아서 신학도 생기고 한 것이지 그냥 예수님을 믿고 살면 된다.

지금도 날 구원하신 예수님만 믿고 따라가는 사람이 많이 있을 것이다마는 잠깐! 내 외조모님은 무학이요, 자기 이름 석 자도 쓸 줄 모르는 분이지만 천하에서 가장 귀한 분 예수님 밖에는 없었다. 내가 예수님을 영접하기도 전에 우리 집에, 그러니까 딸네 집에 오시면 어느 방의 한 구석에 앉아서 손때 묻은 무곡 찬송 책을 펴 놓고 한 장씩 넘기면서 찬송을 부르셨는데, 신기하게도 부르시던 모든 찬송과 가사가 똑같아서 어린 조카 애들이 글도 모르면서 부른다고 조롱 하기도 했다. 그 어른이 손을 얹고 기도 하시면 병이 나았다고 하기도 했다. 이런 이야기를 왜? 문제는 학식이나 무슨 직분이 아니라, 진실한 믿음이 귀하다는 것을 말하고 싶어서다.

칼빈은 그의 예정론이란 책에서 다섯 가지 진리를 말하고 있다. 이것을 보면 보다 확실하게 하나님의 예정하신 진리를 알 수가 있다. 이것을 영어의 약자로 TULIP이라고 꽃 이름을 말하기도 한다.

개보다 나아야 천국 간다

전적 타락(Total Depravity)

"그러므로 한 사람으로 말미암아 죄가 세상에 들어오고 … 한 사람의 범죄를 인하여 많은 사람이 죽었은즉 …

한 사람이 순종하지 아니함으로 많은 사람이 죄인된 것 같이 …"(롬5:12-21).

"아담 안에서 모든 사람이 죽은 것 같이 그리스도 안에서 모든 사람이 삶을 얻으리라"(고전15:22).

무조건 선택(Unconditional Election)

"창세 전에 그리스도 안에서 우리를 택하사 우리로 사랑 안에서 그 앞에 거룩하고 흠이 없게 하시려고

그 기쁘신 뜻대로 우리를 예정하사 예수 그리스도로 말미암아 자기의 아들들이 되게 하셨으니

이는 그가 사랑하시는 자 안에서 우리에게 거저 주시는 바 그의 은혜의 영광을 찬송하게 하려는 것이라"(엡1:4-6, 롬8:29, 30).

"그 자식들이 아직 나지도 아니하고 무슨 선이나 악을 행하지 아니한 때에 택하심을 따라 되는 하나님의 뜻이 행위로 말미암지 않고 오직 부르시는 이로 말미암아 서게 하려 하사

… 내가 야곱은 사랑하고 에서는 미워하였다 하심과 같으니라"(롬9:11-13, 15-18)

"토기장이가 진흙 한 덩이로 하나는 귀히 쓸 그릇을, 하나는 천히 쓸 그릇을 만들 권한이 없느냐"(롬9:21).

제한 속죄(Limited Atonement)

"나는 선한 목자라 나는 내 양을 알고 양도 나를 아는 것이 아버지께서 나를 아시고 내가 아버지를 아는 것 같으니 나는 양을 위하여 목숨을 버리노라"(요10:14, 15).

"그런즉 하나님께서 하고자 하시는 자를 긍휼히 여기시고 하고자 하시는 자를 완악하게 하시느니라 … 지음을 받은 물건이 지은 자에게 어찌 나를 이같이 만들었느냐 말하겠느냐"(롬9:18-20).

불가항력적 은혜(Irresistible Grace).

"… 진실로 진실로 네게 이르노니 사람이 거듭나지 아니하면 하나님의 나라를 볼 수 없느니라 …"(요3:3, 5).

"그의 힘의 위력으로 역사하심을 따라 믿는 우리에게 베푸신 능력의 지극히 크심이 어떠한 것을 너희로 알게 하시기를 구하노라"(엡1:19).

"그는 허물과 죄로 죽었던 너희를 살리셨도다"(엡2:1).

개보다 나아야 천국 간다

"너희는 그 은혜에 의하여 믿음으로 말미암아 구원을 받았으니 이것은 너희에게서 난 것이 아니요 하나님의 선물이라 행위에서 난 것이 아니니 이는 누구든지 자랑하지 못하게 함이라"(엡2:8,9).

"내가 너를 모태에 짓기 전에 너를 알았고 네가 배에서 나오기 전에 너를 성별하였고 너를 여러 나라의 선지자로 세웠노라"(렘1:5).

궁극적 구원 혹은 성도의 인내(Perseverance of Saint)

"하나님의 은사와 부르심에는 후회하심이 없느니라"(롬11:29). "우리가 알거니와 ⋯ 누가 우리를 그리스도의 사랑에서 끊으리요 ⋯ 우리를 우리 주 그리스도 예수 안에 있는 하나님의 사랑에서 끊을 수 없으리라"(롬8:28-39).

이상과 같은 다섯 가지의 진리 혹은 교리를 다시 한번 정리를 해 보았다. 이상에 증거한 성경 외에도 증거 자료는 수두룩하지만 대표적인 성경 구절만 말했다는 것.

전적타락이란

아담과 하와의 타락을 말하니까(창3:15-24) 자명하고, 타락한 인간의 모습은 우리들이 모두 표본이 되고, 세상에서 날마다 볼 수 있다.

크리스천이 아닌 사람들은 인간의 두뇌나, 그 두뇌로 개발한 모든 문화의 발달을 보고, 인간이 건전하다고 오해하고 있다. 다시 말하면 인간의 육신이나 정신이 건전하면 정상인이라고 보지만, 하나님을 모르는 인간은 전적 타락한 것이 틀림없다. 하나님을 안다는 것도, 정확하게는 예수님을 믿는가 안믿는가 하는 것으로 봐야 한다.

"누구든지 예수를 하나님의 아들이라 시인하면 하나님이 그의 안에 거하시고 그도 하나님 안에 거하느니라"(요일4:15).

"내가 곧 길이요 진리요 생명이니 나로 말미암지 않고는 아버지께로 올 자가 없느니라"(요14:6).

잠깐! 요즘 사람이 죽었을 때 부고하는 것을 보면 너도 나도 소천 했다고들 하는데 소천이란 하늘이 불렀다는 뜻에서 하나님이 부르셨다고 이해를 할 수는 있으나, 굳이 사용하려면 소천 되셨다, 혹은 소천 받으셨다고 해야 옳고. 그냥 하나님의 부르심을 받았다고 함이 좋다. 크리스천이 아닌 사람들도 흔히 하늘로 갔다는 말을 많이 하나, 이 사람들의 말은 예수님과는 전혀 상관이 없다.

개보다 나아야 천국 간다

무조건 선택

특히 주의 할 점은 어느 사람이 믿을 것 같으니, 그것을 알고 예정하셨다고 하는 말과는 정 반대다. 우리 자신을 들여다봐도 난 전혀 하나님도 예수님과도 거리가 먼 사람인데 부르셨다는 것을 알지 않는가?

바울을 봐도 하나님 편에 섰다는 사람들과 하나가 되어 예수님을 핍박했었고(행9:4). 예레미야 선지자를 보라(렘1:5)

제한적인 속죄

무조건 선택에서 이미 밝혀진 사실이니 더 이야기 할 필요가 없다. 선택된 사람은 속죄하심을 받는 것이요, 선택받지 못한 사람은 버림받았으니 당연히 멸망으로 간다.

역사상으로, 현실로 다 알 수 있다. 복음을 전한다고 들었던 사람이 다 구원받아 믿는 것도 아니요, 악한 자들이 얼마나 많은 세상인가? 그러한 중에서 내가 예수님의 양이 되었다는 것! 놀랄 일 또 놀랄 일!

불가항력적 은혜

이 문제에 대해서 알아야 하는 것은 그렇다고 해서 강제로 믿게 된다는 것은 아니다. 소를 물가로 끌고 갈 수는 있어도 물을 먹게 할 수는 없다는 이치와 같다. 억지로, 강제로 될 수가 없다.

성령께서 감동시키사 거듭나게 하시고 믿게 하시는 것이다.

바울이 억지로 믿었던가? 신기한 것이다. 우상 숭배하고 잡신을 섬기던 무당이, 승려가, 예수님을 영접한 경우가 많은 것은 놀랍다.

잠깐! 나 자신 부터다. 유교에 불교를 더하고 무당을 불러서 푸닥거리를 하고, 점을 치러 다니시던 어머니 밑에서 자라난 나도, 형제자매도, 어머니도, 예수님을 영접하게 되었다는 것은 신기하고 놀라운 일! 감사 또 감사!

말씀을 전할 때 듣고 받아들이게 되는 것부터가 불가항력적인 은혜로 되는 것이다. 평소에 내가 원하던 바도 아니요, 알고 있었던 바도 아니지 않는가.

긍극적 구원 혹은 성도의 인내라고 하는 것

이것도 성도의 인내라고 하면 인내하는 성령님의 열매를 맺어서 되는 것이니(갈5:22, 23) 결국 하나님의 인내요, 하나님이 이기게, 견디게 해 주셔서 가능한 것이다. 성경에 주를 믿는 자를 버리지 않으신다는 말씀은 자주 볼 수 있다(요6:37, 39, 40, 44, 요10:28).

> "내가 그들에게 영생을 주노니 영원히 멸망하지 아니할 것이요
> 또 그들을 내 손에서 빼앗을 자가 없느니라"(요10:28).

잠깐! 나는 삼위일체 하나님을 설명할 때 사람이 연을 날리는 것을 가지고 설명하고 싶다.

성부 하나님은 연의 얼레를 잡은 손과 줄이요, 연은 성자 예수님이요, 바람은 성령님으로, 여기에 성도는 예수님 안에 있으니 오죽 행복해!

탕자도 결국에는 아버지께로 돌아왔다. 고난과 풍파가 있어도 일곱 번 넘어져도 여덟 번 다시 일어설 수 있는 것은 주님이 버리지 않기 때문이다. 할렐루야!

이것 얼마나 든든하냐?

"우리가 이 소망을 가지고 있는 것은 영혼의 닻 같아서 튼튼하고 견고하여 휘장 안에 들어가나니"(히6:19).

크리스천이 된 것, 곧 예수님을 믿고 구원 받아 영생하는 길에 들어서게 되고, 그 사실이 그렇게 이루어진다는 것을 한 마디로 요약하면 모든 것이 하나님의 은혜로 이렇게 된다는 것이다.

"하나님을 사랑하는 자 곧 그의 뜻대로 부르심을 입은 자들에게는 모든 것이 합력하여 선을 이루느니라"(롬8:28).

젊었을 때는 이 말씀을 믿어도 피부에 와 닿지 않고 그렇겠지 한다. 그러나 석양에 서게 되면 정말 뼛속 깊이 느끼게 된다. 한 평생을 돌아보면 이 골목, 저 오솔길, 태산을 넘고, 험곡을 지나고, 강을 건너고, 바다를 넘어 그야말로 지구를 몇 바퀴나 도는 거리를 돌고 돌아 그야말로 산전수전 공중전을 다 경험한 것이 꿈같은 것. 그래도 하나님의 은혜로 해내게 된 것을 감사 또 감사하게 된다. 온갖 시련이 많았지만 힘주시고, 건강 주시고, 늘 믿음을 주시고, 용기를 주셔서 할 수 있게 하신 주님이 너무 너무 고마울 뿐이다.

앞의 말씀도 바른 순서로 이해하려면 하나님의 뜻대로 부르셔서 하나님을 사랑하게 된 자들에게 라고 해야 옳다(참고 롬 8:29, 30).

하나님의 예정을 안 믿으려고 트집을 부리는 어리석은 사람들은 또 트집하기를 "하나님이 다 해주시면 무엇을 할 필요가 없지 않느냐"고? 이렇게 생트집을 하는 이들이 알아듣도록 이제부터는 크리스천이 해야 할 일들을 이야기 하고자 한다. 잠깐! 찬송이 흘러 나와서

태산을 넘어 험곡에 가도 빛 가운 데로 걸어가면
주께서 항상 지키시기로 약속한 말씀 변치 않네
하늘의 영광 하늘의 영광 나의 맘속에 차고도 넘쳐
할렐루야를 힘차게 불러 영원히 주를 찬양하리.

꼬불꼬불 기어 다니는 개미 한 마리도 가다가 길이 막히면 돌아서 편한 길로 가는 것을 본다. 하물며 인간이 가만히 있다니? 크리스천은 빛 가운데로, 곧 말씀을 따라 살아야 한다. 잔소리 한마디 더 하고 지나가야겠다.

개보다 나아야 천국 간다

> *"참새 두 마리가 한 앗사리온에 팔리지 않느냐 그러나 너희 아버*
> *지께서*
> *허락하지 아니하시면 그 하나도 땅에 떨어지지 아니하리라*
> *너희에게는 머리털까지 다 세신 바 되었나니*
> *두려워하지 말라 너희는 많은 참새보다 귀하니라"(마10:29-31)*

예수님의 말씀에 감동하지 않을 수가 없다. 참새 한 마리도 살려고 이 모양 저 모양으로 위태한 곳은 피하여 다니면서 살아가는 데 너희일까 보냐는 말씀이다. 그래서 허물과 죄로 죽었다가 살아나 크리스천이 된 우리가 어떻게 살아야 되는지 정리를 해보자.

믿음으로 살아야 한다(요3:16).

믿음이 없으면 개보다 뿐만 아니라, 미물 하나보다 못하다. 그래서 영원한 지옥 형벌을 면치 못한다. 하나님을 기쁘시게 할 수 없다(히11:6). 세상을 이기려면 믿음이 강해야 한다.

> *"하나님께로부터 난 자마다 세상을 이기느니라 세상을 이기는*
> *승리는 이것이니 우리의 믿음이니라"(요일5:4)*

이 믿음에 대해서는 특별히 히브리서 11장에서 잘 말해주고 있다. 히11장의 내용을 보면 아담의 아들 아벨로부터 시작하여 믿음으로 승리하였다. 여기에 믿음으로 살았던 사람들을 열거하고 38절에는 이런 사람은 세상이 감당치 못한다고 했다. 그 어떤 세력도 죽음도 무서워하지 않고 싸워서 이겼다는 것이다. 주님을 위하여 목숨을 바치면 바울처럼 의의 면류관을 상급으로 받는다(딤후4:8). 여기서 바울은 내게만 아니라 주의 나타나심을 사모하는 모든 자에게니라고 했다. 누구보다도 예수님의 말씀을 들어보자.

> "… 나를 따라 오려거든 자기를 부인하고 자기 십자가를 지고 나를 따를 것이니라
> … 제 목숨을 구원하고자 하면 잃을 것이요 … 나를 위하여 제 목숨을 잃으면 찾으리라
> 사람이 만일 온 천하를 얻고도 제 목숨을 잃으면 무엇이 유익하리요 …"(마16:24-26).

믿는 자는 자신을 부인하고 예수님을 믿는다는 것이다. 그런데 반대로 사람 자신이 도를 닦아 부처가 된다고 하고, 자신을 비우고 부처가 된다고 하는 것은 무신론자요, 자만심이 가득한 인본주의자다.

천도교에서는 人乃天(인내천) 곧 사람이 한울(하늘)이라고 하기도 하니, 교만이 하늘에 닿는 소리를 지껄이고 있군.

믿음이란 것 이것 없이는 세상을 살기도 힘든다. 모두가 의심스럽고, 내게 적이라고 생각하면 살아가기가 힘들 것이다. 그러나 이런 믿음은 아주 작은 믿음이요, 예수님을 믿는 믿음

개보다 나아야 천국 간다

을 천하보다 귀한 것이다(마16:26).

개도 주인을 믿는다. 하물며 우주의 주인이신 예수님에 대한 믿음, 이것 없이는 개보다 낫다고 할 수 없다. 크리스천은 목숨을 걸고 예수님을 믿고 살아야 한다. 크리스천에게 주를 믿는 믿음이란 생명이요, 세상을 이기는 가장 큰 무기요, 재산이다. 이 믿음을 가지고 세상을 이기는 이유는 세상을 살아 갈 때에 부딪히는 모든 난관이 눈에 보이는 것처럼, 당하는 것처럼 사람이나 사건이 아니라, 그 근원은 마귀와의 전쟁이기 때문이다.

사람들이 특히 교육을 받거나 경험이 많을수록 세상을 살아가는 데는 대단히 성공적이다. 요즘 세상이 바로 그러하다. 똑똑하고 영리한 사람은 세상에 무슨 일을 만나도 겁이 없이 잘 처리한다. 그러나 날마다 이 세상에서 예수님을 믿는 사람이 줄어들고 있는 현상은 아담이후 이 세상은 마귀가 주장하는 세상이 되었기 때문이다. 예수님의 말씀을 들어보자

"… 이제는 너희 때요 어두움의 권세로다"(눅22:53).

크리스천이라도 함부로 잘못 판단하거나 말을 할 때가 많다. 교회에서 함께 일을 하다가 자기와 상반되는 의견을 말하면 저 사람은 마귀라든지, 마귀에게 잡혀 있다든지 하기도 하고, 반대로 너무 세상적이고 현실적인 사람이 되어서 정말로 마귀가 기뻐할만한 일을 당해도 인간적으로만 생각하고 그렇

게 해결하려고 하기도 한다. 이러한 경우에도 그의 안에 예수 님을 모시고 사는 성령님의 사람은 성경말씀을 생각하든지, 아니면 이런 경우에 예수님은 어떻게 보실까 하고 판단을 하게 된다.

바울 사도를 통하여 주신 말씀을 들어보자.

이렇게 할 때는 크리스천이 모든 경우에 승리할 수가 있다.

> "끝으로 너희가 주 안에서와 그 힘의 능력으로 강건하여지고
> 마귀의 간계를 능히 대적하기 위하여 하나님의 전신 갑주를 입
> 으라
> 우리의 씨름은 혈과 육을 상대하는 것이 아니요 통치자들과 권
> 세들과 이 어둠의 세상 주관자들과 하늘에 있는 악의 영들을 상
> 대함이라"(엡6:10-12).

여기서 하늘은 하나님이 계시는 곳이 아니라 공중을 의미한다. 13절의 전신 갑주를 취하라는 뜻은 성경에 있는 모든 방법을 말한다. 14절 진리의 허리띠는 역시 말씀이요, 말씀에 따라서 사는 방정한 모양이다. 사람에게 진실한 것이 없으면 모든 것이 무너지고 만다. 허리가 힘의 중심이다.

의의 흉배, 역시 믿음으로 얻은 의이니 가장 중요하다. 살전 5:8에는 믿음과 사랑의 흉배라 했다. 심장 부분이다. 우리의 의는 그리스도시니 주님을 품고 살아야 한다.

다음은 복음이다. 그리스도를 믿는 복음으로 하나님과 화평

을 이루게 되었으니, 복음 중심의 삶, 복음을 전하는 삶이 되어야 한다.

다시 믿음의 방패가 있다. 믿음이 없이는 마귀를 결코 이길 수 없다. 내가 주를 믿으면 주께서 날 대신 싸워 주신다.

구원의 투구는 내게 씌워 주신 주님의 것이다. 구원의 확신을 가지고 살라는 것. 믿음으로 얻은 것이니 믿음으로 지키면 된다.

성령님의 칼, 말씀이다. 예수님이 그에게 부딪히는 사사건건을 말씀으로 대하셨던 것을 기억하자(마4:1-11; 26:58). 성령님의 사람은 언제나 성령님의 말씀, 곧 성경을 따라 살면 승리하게 되어 있다.

기도하라. 항상 성령 안에서, 성령님을 모시고 그가 감동하시는 대로 기도하라는 것이다. 전도자 무디가 말한 대로 말씀충만이 곧 성령충만이다. 크리스천, 곧 성령님의 사람은 무슨 일을 만나더라도, 언제 어디서나 말씀이 입에서 늘 흘러나와야 한다. 이 시대, SNS의 영향도 있고, 세상살이가 늘 분주하다보니 성경을 가까이 하지 않는 사람이 날로 늘어만 간다. 그래서 성령충만한 생활도, 승리의 생활도 힘들게 되었다.

크리스천이 믿음으로 구원 받았으니 개보다 나은 자격은 이미 얻었으나, 생활하는 모양은 개보다 못한 삶을 살아가는 사람도 더러 있는 것이다. 그래서 앞에서 언급한 대로 전신 갑주를 입고 승리의 생활을 하여 크리스천다운, 성령님의 사람다운 삶을 살아야 하나님께 영광이 되고, 하늘나라에 갈 때 상급이 있다. 기도야말로 크리스천의 호흡과 같다고 한다. 앉으나 서나 우리의 마음은 언제나 예수님께 있다. 예수님을 영접하여 믿고부터 평생 그렇게 사는 것이다.

주를 믿는 사람이 주님과 교제하면서, 그러니까 기도하면서 사는 것도 젊을 때보다는 나이가 들수록 더 좋아진다. 이유는 젊어서는 아무래도 활동하는 시간이 많고 다른 데 마음을 둘 시간이 많기 때문이다. 그러나 훈련을 잘 해서 젊었을 때부터 호흡하듯 주님과 교제하면서 살아야 내 안에 계시는 성령님을 근심시키는(엡4:30) 일이 없을 것이고, 자신도 항상 기쁘게 살 수 있다.

> "항상 기뻐하라
>
> 쉬지 말고 기도하라
>
> 범사에 감사하라 이는 그리스도 예수 안에서 너희를 향하신 하나님의 뜻이니라"(살전5:16-18).

크리스천에게 기대하시는 하나님의 뜻이라고 했으니 이렇게 사는 것이 당연하고, 이렇게 사는 것이 역시 기도로 되어지는 것이요, 이렇게 살아야 크리스천답게 사람답게 사는 것이다. 앞서 전신 갑주를 취하라 했거니와 이렇게 되면 완전무장이 되었으니 못 이길 것이 없다. 비유컨대 옛날의 골리앗 대장은 육신의 무장을 다하고 나왔으나 다윗은 하나님의 이름을 믿고 기도의 무장을 하고 나아갔기에 다윗이 이겼다(삼상

개보다 나아야 천국 간다

17:46-49). 예수님은 어제나 오늘이나 우리 크리스천에게 담대하라고 하신다. 그러시면서 반드시 이길 힘을 주신다.

"… 세상에서는 너희가 환난을 당하나 담대하라 내가 세상을 이기었노라"(요16:33).

"그러나 이 모든 일에 우리를 사랑하시는 이로 말미암아 우리가 넉넉히 이기느니라"(롬8:37).

이 마지막 때는 원수 마귀가 삼킬 자를 두루 찾고 있기 때문에 강하고 담대해야 한다. 이러한 힘이 기도에서 나온다.

"근신하라 깨어라 너희 대적 마귀가 우는 사자 같이 두루 다니며 삼킬 자를 찾나니"(벧전5:8).

"내가 네게 명령한 것이 아니냐 강하고 담대하라 두려워하지 말며 놀라지 말라 네가 어디로 가든지 네 하나님 여호와가 너와 함께 하느니라"(수1:9).

주님께 기도함으로 강하고 담대할 수 있다. 성령으로 거듭난 크리스천은 하나님의 영이신 성령으로 거듭났기에 엄마에게서 태어난 아기처럼, 아버지 하나님께 기도하지 않을 수가 없이 되어 있어, 기도는 늘 하게 되어 있고, 기도하면 언제 어디서나 마음이 평안하다.

> "수고하고 무거운 짐 진 자들아 다 내게로 오라 내가 너희를 쉬
> 게 하리라 … 내게 배우라 그리하면 너희 마음이 쉼을 얻으리니
> 이는 내 멍에는 쉽고 내 짐은 가벼움이라"(마11:28-30).

누구나 처음 주님을 영접하고 나면 그때부터는 쉬게 되고, 그 쉼은 기도로 계속 이어지게 된다. 누구나 신앙의 굴곡이 있게 마련인데, 주님께 기도하지 않고 자신의 주장대로 살 때가 가장 힘들고, 역시 실패의 때이다. 기도, 기도, 기도는 호흡이다. 언제나 주여! 해보라, 그 때가 가장 편안하다.

하나님의 예정에서부터 크리스천은 그대로 넝쿨째로 떨어진 복을 받았다. 다만 성령께서 감동하셔서 돌 같은 마음도 부드러워지고, 고집도 꺾이고, 기도하고 살게 된 것을 감사 또 감사하고 승리의 길로 계속 달려가야 한다.

한 번 더 다짐해야 할 것은?

역시 말씀이다. 바울은 성령의 칼이라 했으나, 이 경우는 마귀와 전투이니 당연하지만, 성경 말씀은 모든 경우에 생명의 양식이요, 능력이다. 크리스천은 기도가 호흡이듯이 말씀은 피와 살과 뼈라고 해야 옳을 것이다. 말씀이 성령님 저서요, 능력이기 때문이다.

개보다 나아야 천국 간다

"살리는 것은 영이니 육은 무익하니라 내가 너희에게 이른 말은
영이요 생명이라"(요6:63).

성경 말씀은 예수(하나)님의 이름이요(요1:1-5). 말씀이 바로 복음이다.

"너희가 성경에서 영생을 얻는 줄 생각하고 성경을 연구하거니
와 이 성경이 곧 내게 대하여 증거하는 것이니라"(요5:39).

이 말씀은 주님이 유대인을 상대로 하신 것이기에 구약 성경이다. 그러니 신구약을 막론하고 성경은 예수님, 곧 복음이니 이 말씀을 바로 알고, 먹고, 뼈와 살로 삼고 전하고 살아야 한다.

유대인들의 구약 성경은 율법에 무게를 두고 살았기 때문에 예수님을 십자가에 못을 박기까지 하면서도 율법에 충실했으나(요19:31-33) 우리는 구약까지도 복음으로, 예수님으로 연결시켜서 알고, 읽고, 전해야 한다. 예를 들면

"복 있는 사람은 … 예수님의 사랑의 법을 즐거워하여 그의 법을
주야로 묵상하는도다"(시1편)
혹은 "예수님은 나의 목자시니 내게 부족함이 없으리로다"(시23편).

아담 이후 모든 성경 역사도 예수님이 주인공이신 것을 알

고 복음을 전해야 한다. 잠깐! 내가 젊은 시절 목회할 때 성도 중에 육순이 넘은 권사님이 요한 계시록을 완전히 암송하던 것을 평생 잊을 수가 없다. 그런 분에게는 치매니 뭐니 하는 것 같은 것은 걸릴 틈이 없다. 성령님의 사람으로, 크리스천으로 예수님과 함께 사는 방법은 성경 말씀을 암송하는 것과 기도하는 것이라고 할 수 있다. 물론 성경을 뜻도 모르고 암송하는 것은 이에 해당될 수가 없다.

> "하나님의 말씀은 살아 있고 활력이 있어 … 마음의 생각과 뜻을 판단하나니"(히4:12).

> "두려워하지 말라 내가 너와 함께 함이라 놀라지 말라 나는 네 하나님이 됨이라 내가 너를 굳세게 하리라 참으로 너를 도와 주리라 참으로 나의 의로운 오른손으로 너를 붙들리라"(사41:10).

이러한 말씀을 암송하면 주님이 나와 함께 하심을 실감하게 된다. 잠깐! 가끔 지난 세월 속에서 기억되는 실수나 혹은 누구에게 서운한 대접을 받았던 일들이 생각이 나서 잠이 안 오면 나는 성경을 암송한다. 고전13장이나 시편 1편이나, 시편 23편이나 산상보훈의 8복 등 대개 한두 곳을 암송하면 어느덧 잠이 들고 만다.

나에게는 TV가 20여 년 전부터 없었고, 라디오 방송도 뉴스만 듣는 편이고, 청소를 하거나 무슨 일을 할 때는 찬송이나

개보다 나아야 천국 간다

클래식 음악을 듣는 것뿐이다. 그 외에는 주로 성경을 읽는 시간이 많다. Smart Phone도 없으니까.

일어나야 되는데 일어나기가 싫을 때는

"일어나라 함께 가자 보라 나를 파는 자가 가까이 왔느니라"

(마26:46).

십자가를 앞에 두고 기도하셨던 주님의 타들어가는 마음과는 달리 곁에까지 따라가기는 했으나 깨어 있지 못하고 잠에 빠졌던 제자들을 일깨우셨던 주님의 음성이다. '한평생 살아오면서 부족했던 것 너무 많아 죄송하기 그지없는데, 이제 와서도' 하면서 분발한다. 언제나 말씀은 우리에게 지혜를 주고 채찍도 된다. 고전 13장은 뭐랬는가? 사랑이 없으면 아무것도 아니요 내게 아무 유익이 없다고 했다(고전13:1-3). 이런 말씀을 알뜰히 가르치지 못한 것도 부끄럽다.

"주의 말씀은 내 발에 등이요 내 길에 빛이니이다"(시119:105).

말씀을 먹고 말씀을 붙잡고 살다가 가야 한다.

"세월을 아끼라 때가 악하니라"(엡5:16).

무익한 시간에서 빼내어 알뜰하게 살라는 경고다. 잠깐! 사람이 육순만 지나면 시간이 한 시간 두 시간으로 가는 것이 아니고 1, 3, 5, 7, 9로 가는 느낌.

크리스천의 집에 성경을 여러 권 꽂아놓고 읽어보지 아니하는 사람이 얼마나 많은가? 나이 들어서 우울증에 시달리기도 하고, 치매에 걸려서 고생하는 사람도 많다. 하기야 치매에 걸린 사람은 고생인지도 모르겠지만, 성경과 찬송을 어디에 쓰려고? 읽고 또 읽다가 손때 묻은 성경 찬송을 자녀들에게 물려주고 가자.

> "나의 사랑하는 책 비록 헤어졌으나
>
> 어머님의 무릎 위에 앉아서 재미있게 듣던 말
>
> 그 때 일을 지금도 내가 잊지 않고 기억합니다"

잠깐! 제대로 많이 읽지도 않았던 성경을 마지막 갈 때는 왜 관 안에 넣어주는가? 그래도 손때 묻은 것은 자녀들이 두고 봐야지.

생각나는 김에! 소위 영정사진이란 것 뭣 때문에 만들어가지고 검은 테를 둘러서 가족에게서 추방을 시키느냐. 함께 찍은 사진을 두고두고 봐야지. 예전에 우리 조상들은 그런 사진 없었다.

앞에서 요한계시록 전체를 암송한 어느 권사의 이야기를 했거니와 계시록의 7교회의 모습에서 오늘날 교회들의 모양을 볼 수가 있는 것은 물론 전체적으로 보면 예수님과 마귀의 전쟁터라고 해야 옳을 것 같고, 결국 전쟁은 예수님의 승리로 끝나고 새 하늘과 새 땅이 펼쳐지고 주님의 택하신 백성만이 끝

까지 승리하고 새 하늘과 새 땅에서 살게 된다.

귀중한 말씀들을 다 기록하려면 차라리 66권 신구약 성경을 다 읽어보라고 하는 것이 옳을 것 같아서 여기서 그치려고 하면서 말씀의 맛부터 알고 먹으라고 권하고 싶다. 나이 들수록 말씀의 맛은 진하다.

> "금 곧 많은 순금보다 더 사모할 것이며 꿀과 송이꿀보다 더 달도다"(시19:10).

> "내가 천사의 손에서 작은 두루마리를 갖다 먹어 버리니 내 입에는 꿀 같이 다나 먹은 후에 내 배에서는 쓰게 되더라"(계10:10)

말씀을 먹을수록 달지마는 실천하기에는 쓰기도 하나, 단맛이 쓴 맛을 이기고도 남는다. 말씀 충만이 성령 충만이요, 말씀과 함께 하는 것이 곧 주와 함께 하는 것이다.

옛날의 성도들은 가끔 하나님이 직접 말씀하셨으나 늘 함께 하시는 것이 아니었다. 그래도 하나님과 동행한 에녹 같은 사람이 있었다고 하면, 오늘날에는 크리스천 안에 늘 성령께서 계시고, 성경 말씀이 있으니 얼마나 든든하냐. 그러나 이 세상이 갈수록 악해지니 옛날보다 날이 갈수록 성경 말씀을 더 가까이 해야 하는데 그게 큰 숙제다.

> "나의 반석이시요 나의 구속자이신 여호와여 내 입의 말과 마음

의 묵상이 주님 앞에 열납되기를 원하나이다"(시19:14).

다윗은 한 나라의 왕이다. 무엇 하나 결핍한 것이 없는, 이른 바 부귀영화를 다 쥐고 있으면서도 이렇게 살았으니 얼마나 귀하냐. 입에서 나오는 말 한마디와 마음속의 생각까지도 주님이 기쁘게 받으소서 하는 것. 이것이 바로 성령님의 사람이요, 크리스천의 삶이다. 성경 말씀으로 살지 않으면 어찌 이렇게 되겠는가.

회개하는 삶을 살아야 한다

예수님을 처음 영접할 때, 성령님이 거듭나게 하사 예수님을 믿고, 회개하게 된다. 거듭나는 것, 믿음, 회개가 거의 동시에 이루어 질 수도 있으나 순서대로 하면 거듭나야 예수님을 믿게 되고, 예수님을 믿어야 회개가 된다. 누군지도 모르고 누구에게 회개를 할 수 없다. 그 이후에도 세상에 살면서 사소한 것까지 죄를 범할 수가 있다. 모르는 사이, 알면서도 순간적으로 우리 안에 죄가 있기 때문에 범죄 하기 쉽다.

"만일 내가 원하지 아니하는 그것을 하면 이를 행하는 자가 내가 아니요 내 속에 거하는 죄니라"(롬7:20)

개보다 나아야 천국 간다

크리스천이 죄를 범하는 경우는 내 안에 계시는 성령님을 잊어버리고, 내가 주인이 되어 내 마음대로 살다가 죄를 범하여 성령님을 근심시키기 되기 쉽다(엡4:30). 큰 죄이든 사소한 실수이든 죄는 반드시 회개해야 한다. 크리스천을 죄 벗은 죄인이라고 하는 이유가 여기에 있다. 그래서 바울은 자신을 죄인 중에 괴수라고까지 했다(딤전1:15). 현재도 죄인이라고 했다.

역시 크리스천이 말씀을 가까이 하지 않으면 실수도 많고 죄를 범하기 쉽다. 이렇게 볼 때에는 크리스천이라고 해도 은밀한 의미로 보면 이 세상을 살아가는 동안은 개보다 낫다고 할 수도 없다. 개는 죄가 없다. 개가 가끔 모르는 사람을 물기도 하지만 그것도 자기 방어를 위한 것이요, 악한 죄가 있어서 그런 것은 아니다. 그래서 바로 살기 위해서는 늘 회개하고 살아야 한다. 그래야 개보다 나은 생활을 할 수 있다.

문제가 심각한 것은 세상이 악하다 보니 성도도 물이 들어 죄에 대한 의식이 없어진다는 것이다. 예를 들면 소돔성의 죄상을 보기 위해 현장을 찾아간 천사들을 소돔 사람들이 범하려 할 때 롯이 소돔 사람들에게 자기 딸들을 천사들 대신에 범하라고 나섰던 것(창19:8). 그뿐만 아니다. 롯이 소알 성에 피난 갔을 때 롯의 두 딸이 아비를 술에 취하게 만들어 아비를 범하였던 사실은(창19:30-38) 악인들과 살면서 죄에 물든 결과이고, 오늘의 세상도 이런 현상이 일어나고 있다(벧후 2:7, 8).

그러면서도 난 회개했다고 하면서 버젓이 다니는 것이다. 크리스천이 알면서도 범죄하고, 또 죄를 범하는 것을 하나님이 어떻게 처리하실 지는 후일에 심판대 앞에 설 때는 반드시 밝혀질 것이다(고후5:10).

> "주의 종에게 고의로 죄를 짓지 말게 하사 그 죄가 나를 주장하지 못하게 하소서 그리하면 내가 정직하여 큰 죄과에서 벗어나겠나이다"(시19:13).

> "개가 그 토한 것을 도로 먹는 것 같이 미련한 자는 그 미련한 것을 거듭 행하느니라"(잠26:11, 벧후2:22).

> "한 번 빛을 받고 하늘의 은사를 맛보고 성령에 참여한 바 되고 하나님의 선한 말씀과 내세의 능력을 맛보고도 타락한 자들은 다시 새롭게 하여 회개하게 할 수 없나니 이는 그들이 하나님의 아들을 다시 십자가에 못 박아 드러내 놓고 욕되게 함이라"(히6:4-6).

이 말씀은 이해하기 어려운 점이 있어 신학논쟁이 많기도 하지만 결국 이런 사람은 택한 백성이 아니요, 진실로 거듭난 사람이 아니란 결론이 나온다. 예수님이 그의 열매로 그들을 알리라 하신 것에 따라 선지자 노릇을 하며 축귀까지 더 많은 권능을 행했다 할지라도 내가 너희를 도무지 알지 못한다고

개보다 나아야 천국 간다

하신 것처럼(마7:20-23).

옛날의 발람 선지나(유1:11) 과거에도 박태선 같은 사람이 있었고, 현실에도 이단자가 많이 있다. 그래서 히브리서도 "완전한 데로 나아갈지니라"(히6:2) 하고 강력히 권면하는 것처럼, 크리스천은 잘못이 있어도 낙심치 말고, 회개하는 것을 엄중히 생각하고 실천해야 한다.

물론 회개까지도 성령님이 주관하시는 일이니까 인간의 능력으로는 불가능 하지만, 언제든지 자신의 생활에 대하여 성령님과 의논하고 말씀으로 깨닫고 "두렵고 떨림으로 너희 구원을 이루라"(빌2:12)처럼 아무렇게나 살지 말고 구원을 귀중하게 생각하고 가치 있게 살아야 정말 사람답고, 개보다 나은 삶이 될 것이다.

이런 말씀을 보면 지금도 성령님과 함께 살며 말씀 속에서 주님과 대화하며 산다는 것이 얼마나 귀하고 복된 삶인지. 하나님의 은혜, 은혜뿐인 것을!

경험으로 아는 일이지만 성도는 회개가 생활 속에서 늘 계속된다. 회개하면 언제라도 용서해 주시는 주님이 얼마나 좋은가. 오늘날 교회나 크리스천의 모습도 계시록의 7교회를 거울을 삼아서 회개하고 살아야 한다.

＊처음 사랑을 버린 성도와 교회도 많이 있을 것이다(계2:4). 사람은 환경의 지배를 받고 영향을 받아 처음 예수님을 영접했을 때의 사랑이 식어진 경우가 많고 그러다보니 교회도

물론 그렇게 되고.

＊살았다는 이름뿐인 성도나 교회도 많을 것이다(계3:1). 많이 모인다고 자랑하지만 오늘날의 교회는 징계라는 것도 없으니, 신앙이 있는지 없는 지는 잘 모른다.

＊미지근한 성도나 교회도 많을 것이다(계3:16). 한국교회는 옛날 마룻바닥에 무릎을 꿇고 기도하던 때 그 때가 뜨거웠다고 본다. 역시 물질적으로 가난했던 때가 신앙이 뜨거웠다. 과거에 한국에 복음을 전해주었던 구미의 교회들 중에 문을 닫은 곳이 많은 것도 물질이 풍부해지고 세상 낙을 즐기다보니 그렇게 된 것이다.

다시 한번 더 살펴봐야 할 것은 고의적인 죄에 대하여 회개하면 된다고 생각하고 범죄하면 하나님이 어떻게 보실까? 정말 두려운 것이다.

> "주인의 뜻을 알고도 준비하지 아니하고 그 뜻대로 행하지 아니한 종은 많이 맞을 것이요"(눅12:47).

지옥에 보내지 아니하는 것이 얼마나 큰 은혜인지 모른다. 또 은혜를 오해하고, 악용하여 죄를 범한다고 하면 지옥에 버금가는 벌을 내리실지 누가 알아?

04.
개보다 낫게 죽어야 된다

"하나님이 모든 것을 지으시되 때를 따라 아름답게 하셨고 또
사람들에게는 영원을 사모하는 마음을 주셨느니라 그러나 하
나님이 하시는 일의 시종을 사람으로 측량할 수 없게 하셨도다"
(전3:11).

이상하게도 사람은 누구나 내일 죽을지라도 죽을 것을 생각
하는 사람은 없고 오래 오래 살 것이라 생각하고 죽는 것은 싫
어한다. 이유는 하나님이 본래 영원히 살 수 있도록 창조하셨
으나, 하나님을 배신하고 선악과를 따먹은 아담의 범죄로 영
죽게 되었다. 그러나 영원을 사모하는 마음은 그냥 가지고 있
기 때문이다.

드물게는 중병에 걸려 오래 고통만 당하고 있을 때 차라리
치료를 중단하고, 고이 잠들도록 하는 경우도 있지만, 절대다
수는 크리스천, 비크리스천을 막론하고 끝까지 살아보려고 애

를 쓰고 있는 것은 영원히 살고 싶은 마음이 있기 때문이다. 그러나 이건 잘못 알아서 그렇다. 부활을 믿는 크리스천까지도 잘못 알아서 그런 것이다. 주님을 모르는 사람들이야 말똥에 굴러도 이승이 좋다고 하지만 지금이라도 당장 주님께로 가면 얼마나 좋은지를 모르기 때문이다.

무엇 때문에 신음 신음을 하면서 한 시간이라도 이 땅에 더 머물러 있으려고 하는가? 예를 들어 병으로 고생고생 하면서 몇 해를 더 살다가 주님께로 갔는데, 주께서 "그런 고생하지 말고 좀 더 일찍 올 것이지 왜 그랬어? 이 곳이 이렇게 좋은 줄을 몰랐겠지"하신다면 무슨 대답을 할 수 있을까?

아니면 주께서 "너 잘 왔다. 쉬어라. 너 좀 더 일찍 와서 쉬라고 네가 잠깐 동안 고통을 당하더라도 그냥 두었느니라"고 하신다면 어느 쪽이 덜 미안하고, 덜 죄송하겠는가? 살아보려고, 살아보려고 발버둥 치다가 가는 것과, 하루라도 고생 덜하고 즐겁게 가는 것, 어느 편이 주님이 보시기에도 좋고, 본인에게도 유익할까?

"… 오늘 네가 나와 함께 낙원에 있으리라"(눅23:43).

한평생 죄만 짓고 살다가 사형대에서 극형을 받고 죽은 강도도 한마디의 진실한 회개로 인하여 주님과 함께 낙원에 가게 되었으니 얼마나 고맙고 또 황송할까? 순식간에 가는 곳은 낙원!

개보다 나아야 천국 간다

"나는 부활이요 생명이니 나를 믿는 자는 죽어도 살겠고 무릇 살

아서 나를 믿는 자는 영원히 죽지 아니하리니 이것을 네가 믿느

냐"(요11:25, 26).

이 말씀대로 부활을 믿는 사람은 부활이 보장되어 있으니 죽음을 무서워하지 말아야 한다.

"··· 이를 행하심은 하나님의 은혜로 말미암아 모든 사람을 위하

여 죽음을 맛보려 하심이라"(히2:9).

주님이 십자가에 달리신 것은 하나님의 택하신 백성을 위하여, 그들을 대신해서 죽음을 맛보려 하셨다고 한다. 그래서 복음을 전하다가 주님을 위하여, 주님 때문에 죽임을 당하는 사람들도 죽음을 달게 받게 되고,

"··· 죽음의 세력을 잡은 자 곧 마귀를 멸하시며 또 죽기를 무서

워하므로 한평생 매여 종 노릇 하는 모든 자들을 놓아 주려 하심

이니"(히2:14, 15)

아담이 마귀에게 속아서 선악과를 따먹고 하나님처럼 지혜롭게 되는 것이 아니라, 마귀가 가진 사망권세에 눌려 죽기를 무서워하여 마귀에게 종노릇만 하게 되어 항상 죽음을 두려워하게 되었으나 이러한 죽음을 이기신 주님을 믿음으로 죽음을 무서워하지 않게 되었다는 것이다.

크리스천은 담대하게 이 믿음을 가지고 살아가야 된다. 한 번 죽는 것은 모든 인생에게 정해져 있는 일이니(히9:27) 당할

수 밖에 없다고 생각하고 담대히 당해내어야 한다.

　어느 짐승에게도 부활은 없으나, 크리스천에게는 부활이 약속되어 있으니 얼마나 좋은가 이 믿음을 가지고 죽어야 한다. 하늘로 갔다, 예수님 곁으로 갔다는 말은 쉽게 하지만 정작 본인은 죽음이 두려울 때, 부활에 대해 확신하는 훈련을 해야 한다. 하나님은 바울사도를 통하여 강력하게 부활에 대한 신앙을 심어주고 계신다.

> "그리스도께서 다시 살아나신 일이 없으면 너희의 믿음도 헛되고 너희가 여전히 죄 가운데 있을 것이요
> 또한 그리스도 안에서 잠자는 자도 망하였으리니
> 만일 그리스도 안에서 우리가 바라는 것이 다만 이 세상의 삶뿐이면 모든 사람 가운데 우리가 더욱 불쌍한 자이리라
> 그러나 이제 그리스도께서 죽은 자 가운데서 다시 살아나사 잠자는 자들의 첫 열매가 되셨도다"(고전15:17-20).

　바울 등 주의 종들이 날마다 사선을 넘나들며(고전15:30-32, 고후1:8, 9) 주의 복음을 전하노라 고생을 하는 것도 부활의 소망이 있기에 가능한 것인데 만약 부활이 없다면 그들이 더욱 불쌍한 자들이라고 한다.

> "… 썩을 것으로 심고 썩지 아니할 것으로 다시 살아나며
> … 육의 몸으로 심고 신령한 몸으로 다시 살아나나니"

개보다 나아야 천국 간다

(고전15:42-44).

"… 우리가 다 잠잘 것이 아니요 마지막 나팔에 순식간에 홀연히
다 변화 되리니
나팔 소리가 나매 죽은 자들이 썩지 아니할 것으로 다시 살아나
고 우리도 변화되리라"(고전15:51, 52).

"겉 사람은 낡아지나 우리의 속사람은 날로 새로워지도다"
(고후4:16)

이 말씀대로 얼굴도 몸도 7학년이 넘어가면 살이 빠지고 주
름이 지고 시들어가는 과정에 있는 것을 보게 된다. 그러나 이
런 몸으로 오래 사는 것보다 영광스런 부활체로 다시 산다는
것이 얼마나 좋은가? 세상에 있는 수많은 사람이 내일 죽을
터이니 먹고 마시자고 한다(고전15:32) 이 얼마나 무가치한
생활인가?

"그러므로 내 사랑하는 형제들아 견실하며 흔들리지 말고 항상
주의 일에 더욱 힘쓰는 자들이 되라 이는 너희 수고가 주 안에서
헛되지 않은 줄 앎이라"(고전15:58).

부활은 우리의 최고, 최후의 소망이다. 이 소망을 가지고 산
다는 것이 얼마나 복되냐. 새벽에 일어나서 저녁 늦게까지 먹

고 마시는 것을 얻으려고 땀 흘리고 수고하는 이들도, 자고 싶으면 어디 길거리에서도 자고, 먹을 것 있으면 먹고, 없으면 여기 저기 다니면서 얻어서 먹고, 하늘은 하루 한 번도 쳐다볼 일이 없는 사람들, 그러다가 가는 곳은 지옥 밖에 없으나, 부활을 믿고 살다가 가면, 주님 오실 때 부활하여 영생에 들어가는 친구들아 더 열심히 살자. 이 부활의 복음을 열심히 전하다가 가자.

자살이란 죽음?

얼마 전에는 전 국민을 울적하게 하는 뉴스. 여군이 성적 괴롭힘을 당하다가 마지못해 자결한 안타까운 일이 두 번이나 있었다. 터질 것이 터지게 된 것이리라. 남녀 군대를 따로 두거나 해야 할 판.

전시가 아니라서 군에서도 총을 가지지 못하는가? 사병이라서 권총도 없었던가? 아니면 훈련 받을 때의 그 독한(?) 마음으로 그 놈의 그것을 물어뜯어 버리기라도 하지 않고? 이 소식을 듣는 사람들은 이런 생각을 가질 만도 하다.

자살자, 특히 총기 소유자가 많은 미국 같은 나라에서 자주 듣는 소리요, 한국이 세계에서 자살 일등국인 것은 누구나 다 아는 사실이다. 얼마 전에는 뉴스에도 감추어진 일이지만 목사가 그것도 둘이나 그런 비극을 연출했다고 들었다. 우울증

개보다 나아야 천국 간다

에 시달리다 그렇게 되었으니 이기기 힘든 병이요, 심지어는 병 때문에 죽은 사람이니까 하늘나라에 갔다고 위로(?)를 하기도 한다고.

수년 전에는 미국 어느 대형교회 두 곳의 목사가 우울증으로 자살하기도 했고, 언젠가 미국 어느 한인 교회에 다니던 한 가족이 "목사님 이러 이러해서 갑니다." 유서를 써 놓고 간 일도 있었다. 글쎄다. 핑계 없는 무덤이 없다는 말이 이런 경우에 해당되는 것이겠지만, 예수님 앞에서, 하나님께 이런 핑계가 통하겠는가?

예수님의 십자가 사랑과 은혜를 몰라보는 이 몰지각한 행위를 그냥 두실까? 주님의 십자가는 어떠한 인간이라도, 아무리 어려워도, 주님 앞에서는 핑계를 못하게 하는 것 아닐까? 그보다 더 큰 고통이 없다는 것 아닐까?

잠깐! 나는 어릴 때 시골 마을에서 개를 죽일 때 나무에 목을 매어 달고, 그것도 부족해서 몽둥이로 머리를 쳐서 죽이는 것을 보았다. 개가 돌아다니고 잡히지 않으니 개에게 먹이를 주어서 먹는 사이에 붙들어서 매다는 정말로 개보다 못한 비정한 짓이었다. 그래서 보신탕을 만들어 먹는 것이었다. 벌써부터 세계적인 여론과 사람들의 인식변화로 개고기는 안 먹는 줄로 알았으나 며칠 전에 대통령이 직접 개고기 먹는 문제를 언급한 것을 보니 아직도 먹는 사람이 있는 모양이다.

유대 율법에도 목매어 죽은 것은 못 먹게 되어 있고(행 15:29) 특히 배신자 유다가 목매어 자살한 것을 보더라도 끔

찍한 일이다. 하여튼 어떻게 죽더라도 자살이란 것은 생명을 주신 하나님에 대한 도전인데 하나님이 잘 봐 주실 리가 없고, 특히 주를 믿는 자는 하나님이 주의 피로 사신 자녀이니, 그런 식으로 죽도록 버려두시지 않는다.

"하나님 아버지 제가 이런 억울한 일이 있어 자결을 하려고 합니다."고 하면 하나님이 "그래 알았다. 그렇게 해라"고 하실까? 하나님은 택하신 백성을 끝까지 버리지 않는다고 수차 말씀하셨다.

물론 크리스천이 아닌 사람은 못 견디게 괴롭고 자존심 상하고 해서 내가 죽어서라도 문제를 드러내어 복수를 해보겠다는 독한 마음을 먹었는지는 모르나, 이는 독한 마음도 아니고 아주 약한 마음이다. 왜 죽어서 갚아. 살아서 밝히고 복수를 해야지. 이런 사람을 위해 더 열심히 복음을 전해야 하고, 이런 사람을 위하여 일하는 크리스천이 필요하다. 상담을 해주고 이기게 해 주어야 한다. 군대 같으면 군목이 이런 일을 해 주어야 한다.

그 사람 안에 예수님이 계시지 않는 불신자는 마음이 약하다. 하나님이 없으니 사람만 눈에 보인다. 인간의 체면만 생각한다. 그래서 대통령을 지낸 사람도 자살을 한다. 그 안에 예수님이 없는 사람, 곧 불신자는 "처음부터 살인한 자요"(요8:44) 했다. 그러니까 자신부터 죽이는 것이다. 마귀의 자식이라고 했다. 그러니까 누구나 죽이려 든다.

그 안에 예수(성령)님이 없는 사람, 곧 불신자는 어떤 도인이라고 하더라도, 수도사라고 해도 사실은 개보다 못한 것이다. 그 안에 생명이 없고 사망이 자리 잡고 앉아 있기 때문이다.

사람들, 크리스천이 아닌 사람들은 내가 교수인데, 내가 장관인데, 내가 장군이데, 대통령인데, 난 남부럽지 않은 명예가 있고 권세가 있어, 하지만 이 사람 속에는 어려운 일 만나면 자신을 죽이는 악마가 도사리고 있는 것이다.

죽으면 끝이라고, 죽으면 이런 고민, 이런 고통 없어진다고 죽지만, 타고 난 죄인인 모든 인간은 죽으면 끝이 아니고 기다리고 있는 곳은 펄펄 끓는 불 못, 지옥이 기다리고 있다.

> "바다가 그 가운데에서 죽은 자들을 내주고 또 사망과 음부도 그
> 가운데에서 죽은 자들을 내주매 각 사람이 자기의 행위대로 심
> 판을 받고
> 사망과 음부도 불못에 던져지니 이것은 둘째 사망 곧 불못이라
> 누구든지 생명책에 기록되지 못한 자는 불못에 던져지더라"
> (계20:13-15).

개나 다른 짐승들은 지옥에 가지 않는다. 죽으면 끝이다.

잠깐! 예수님을 믿는다고 하는 어느 교파는 지옥이 없다고 하는데, 지옥이 없다면, 죽으면 끝이라면, 불신자들도 그렇게 불행한 사람도 아니고, 자살을 해 버리는 것도 그렇게 나쁘지는 않다. 죽으면 고생, 고민 끝이니까. 그러나 성경 어디에도 지옥이 없다는 말씀은 없다.

어떻게 하면 개보다 나은 죽음을 맞을까?

결국 지옥에 안 가고 천국 가는 죽음, 천국에 가더라도 더 좋은 곳, 상급이 많은 곳에 가는 것이 좋은 죽음이다.

이단자나, 거짓 선지자가 아닌 크리스천은 창세 전에 벌써 예수님을 믿을 자로 예정되어 있고, 생명책에 기록이 되어 있다(엡1:4, 5). 그래서 크리스천은 끝까지 믿음을 지키고 살다가 죽으면 천국에 들어가게 되어 있다. 그러면 어떠한 자격으로 천국에 들어가게 될까. 상급이 있고, 없고 하는 다양한 차이가 있을 것이다. 상급이 전혀 없는 벌거벗은 구원도 있다.

> "… 만일 누구든지 그 위에 세운 공적이 그대로 있으면 상을 받
> 고 누구든지 공적이 불타면 해를 받으리니 그러나 자신은 구원
> 을 받되 불 가운데서 받은 것 같으리라"(고전3:10-15).

예수님이 십자가에 달리신 때 주님의 좌우편에 강도 두 사람이 함께 십자가에 못 박혔고, 그 중에 하나는 예수님을 안 믿었고, 한 사람은 예수님을 믿었다.

> "예수여 당신의 나라에 임하실 때에 나를 기억하소서 하니
> 예수께서 이르시되 내가 진실로 네게 이르노니 오늘 네가 나와
> 함께 낙원에 있으리라 하시니라"(눅23:42, 43).

이렇게 구원받은 그 강도는 평생 죄만 짓고, 어느 한 시간이라도 선한 일을 해보지 못했으니, 비록 낙원에 들어갔으나 상급이 있을 리가 없어 벌거벗은 구원이라고 할 수 있다. 그러나 급행열차로 천국에 갔으니 얼마나 큰 은혜냐? 잠깐만! 솔직하게 말하면 나도 이렇게만 된다고 해도 감사할 것 밖에 없을 것 같다.

"평생에 행한 일 돌아보니 못 다한 일 많아 부끄럽네.
아버지 사랑이 날 용납하시고 생명의 면류관 주시리라."

상급을 받겠다고는 감히 생각을 못한다. 그냥 천국에 가기만 해도 얼마나 고마운가. 교도소에서 오랫동안 근무하면서 특히 죄수들에게 복음을 전한 이들의 이야기를 들어보면, 사형수들 가운데서도 예수님을 믿고, 이웃에게 열심히 복음 전하다가 형을 당할 때도 편하게 눈을 감는 사람이 더러 있다고 했다.

이렇게도 신앙 경력이 짧은 사람이라도 성경에 있는 대로 늦게 포도원에 들어가서 일한 사람도 열심히 일한 사람은 일찍 들어간 사람과 같은 액수의 삯을 받게 된다고 하니(마20:9) 하나님의 판단에 따라 상을 받게 될 것이다.

예수님이 제자들에게는 "너희는 나의 모든 시험 중에 항상 나와 함께 한 자들인즉 내 아버지께서 나라를 내게 맡기신 것 같이 나도 너희에게 맡겨 너희로 내 나라에 있어 내 상에서 먹고 마시며 또는 보좌에 앉아 이스라엘 열두 지파를 다스리게 하려 하노라"(눅22:28-30)

대단한 말씀이다. 땅 위의 나라에서도 장관 자리를 하나 준다고 하면 좋아서 어쩔 줄을 모르고 상관인 대통령에게 충성을 다하여 섬기는 것을 보면 하늘나라, 주님이 내 나라라 하신 그 나라의 장관들이 된다고 하셨다. 그래서 12제자는 요한을 제외하고는 모두가 주님을 위하여 목숨까지 다 바쳤다. 주를 위하여 목숨을 바치는 일은 수천 년 동안 계속 되어 왔다. 예수님을 믿는 이 신앙의 역사는 피로 이어진 역사이다.

지금도 세계적으로 1억 이상이 되는 크리스천이 매일 무서운 박해를 받고 있으며 5분에 한 사람씩 주님을 위하여 목숨을 바치고 있다고 한다. 이렇게 사는 것이 정말 사람답게 사는 것이다.

"… 하나님의 말씀과 그들이 가진 증거로 말미암아 죽임을 당한 영혼들이 제단 아래에 있어

큰 소리로 불러 이르되 거룩하고 참되신 대주재여 땅에 거하는 자들을 심판하여 우리 피를 갚아 주지 아니하시기를 어느 때까지 하시려 하나이까 하니

각각 그들에게 흰 두루마기를 주시며 이르시되 아직 잠시 동안 쉬되 그들의 동무 종들과 형제들도 자기처럼 죽임을 당하여 그 수가 차기까지 하라 하시더라"(계6:9-11).

개보다 나아야 천국 간다

하나님의 판단은 인간들과 천양지차로 다르다

예수님은 산상보훈 중 팔복에서 귀한 말씀들을 하셨다. 심령이 가난하기만 해도 천국에 가는 복을 받고 바로 회개를 해도, 곧 애통해도 위로의 복을 받고 온유한 자는 땅을 기업으로 받는다. 예수님이 지금 복음으로 온 세계를 점령하시는 일에 성경만 들고 다니는 복음 전도자들을 사용하신다. 결국 신천신지에 들어가게 된다.

의에 주린 자는 배부르게 된다. 구원을 얻는 만족, 하늘나라를 소유하는 만족이 되겠다. 긍휼히 여기는 자 이것을 하나님께 받았으니 우리도 긍휼히 여겨 복음을 전해야 한다. 이것은 큰 복이다. 마음이 청결하면 하나님을 본다. 결국 회개하고 하나님을 보면서 살다가 하나님 나라에 가서도 하나님을 보게 된다(계22:4). 화평케 하는 자는, 하나님의 아들 예수님처럼, 성도는 복음으로 사람들이 하나님과 화평하게 만들어야 한다. 의를 위한 삶에서 받은 핍박이란 결국 믿음을 지키고, 예수님을 위하여, 곧 복음을 위하여, 핍박을 받는 자는 하늘나라에 간다(마5:3-12).

잠깐! 나는 이 말씀을 자주 암송한다(마5:3-16). 얼마나 편안하고 부유해 지는가? 이러한 믿음으로 땅 위에서도 복을 받고 있지만 하늘나라에서 다 누리게 될 것이다.

영원히 누릴 7가지 복이 있다

계시록의 예언을 읽고, 듣고, 지키는 사람은 복이 있다(계1:3).

주 안에서 죽는 자들은 복이 있도다(계14:13).

예수님의 말씀대로 잠드는 자들이다(요11:11).

이 말씀은 장례식 때 자주 듣게 된다. 주를 믿고 잠드는 것을 말한다. 이제는 땅 위에서 주를 위해 일한대로 상을 받게 된다. 부족한 것 많아도 예수님을 믿는 믿음을 보시고 이제 안식에 들어가게 해 주시니 얼마나 감사한 일인가. 거기에 또 상까지.

잠깐! 육신이 땅에 묻혀 잠들고 영은 예수님께로 가는 것을 쉬게 된다고 하나, 성경을 보면 그 영이 그냥 가만히 있는 게 아니고 활동할 수 있고 산 사람처럼 일을 할 수도 있을 것이라는 것을 알 수 있다. 변화산에서 모세와 엘리야가 나타났다. 엘리야는 산채로 승천했으니 문제 될게 없으나, 모세는 죽었는데도 산 사람으로 나타났다. 예수님이 재림하실 때에 부활하여 산 사람이 된다고 알고 있지만(살전4:16) 부활 이전에도 하나님께서 뜻대로 사용하신다는 것을 알게 된다.

잠깐만 더! 일반적으로 크리스천이 생각하기를 사람은 누구나 죽는 그 시간에 예수님을 확신하는 고백을 할 수 있어야 천국에 간다고 알고 있다. 그래서 숨이 끊어지기 전에 예수님 아느냐? 믿느냐? 물어보는데 사실은 그럴 필요가 없다. 평소에 가졌던 그 믿음대로 간다.

사고로 급하게 가는 이도, 병사라 해도 심장마비로 갑자기 가기도 한다. 이미 신앙고백을 한 대로 벌써 하늘에 등록되어 있는 사람을(계20:15) 괴롭히지 말고 하늘로 가는 기쁜 찬송을 불러주는 것이 좋다. 이화대학 총장이었던 김활란 박사는 내가 죽거든 장송곡을 부르지 말고 기쁜 찬송을 불러 달라고 했다.

잠깐만 더! 크리스천은 죽는 것이 아니고 잠드는 것이니(요 11:11, 살전4:14, 15) 잠드는 예식 때 슬픈 찬송(장송곡)을 부르지 말고 기쁘고 밝은 소망에 찬 노래를 부르고, 조가니, 조사니, 상주니, 상복이니 하는 말도 쓰지 말고, 미망인이란 말도, 상가란 말도 쓰지 말고, 먼저 잠드신 분 혹은 먼저 가신 분의 가족, 자녀로 좋은 용어를 골라 사용하는 것이 좋다.

조화라고도 말고, 축! 누구 잠들다. 아니면 생략하고, 참석하는 사람들도 평복을 입을 것. 저승사자처럼 검정 옷은 왜? 밝은 옷, 밝은 타이를 매고, 말씀도 부활을 소망하는 그러한 말씀을 전해야 한다. 어떤 사람들은 유가족을 울리기라도 하려고 슬픈 소리를 하고 잠든 사람을 떠 올리는 말들을 많이 하는 것도 좋지 않다. 예배도 여러 번 입관, 발인, 하관 등의 이름으로 드릴 필요가 없고 하루에 그냥 잠드는 예배라고 하고 한두 번 드리고 마는 것이 좋다. 유가족들이 피곤하지 않도록 하는 게 좋다.

잠깐! 나는 십대 소년 때 아버지 장례식을 경험하게 되었다.

그때는 가족 모두가 예수님을 안 믿었을 때여서 아버지의 상여를 따라가면서 아이고 아이고를 계속하니 그것도 힘든 일이었다. 허례허식인 것을.

예식 중에 잠든 분의 얼굴을 보여주는 순서가 있는데 생략하는게 좋을 듯. 가능하면 생전에 만나는 것이. 그리고 화장도 가능하나, 한국에서는 화장장에 가면 시신의 불타는 모양을 볼 수 있게 해 둔 것이 더 나쁜 것 같아서. 시신 기증? 그것도 유가족을 편하게 하고, 병원에서 유용하니까 괜찮을 것 같기도 하다.

그러나 우리는 성경에서 모든 것을 배우게 되니까 성경은 무덤에 잠드는 것을 말하고 있어, 그 방법이 무난하다고 본다. 흙에서 와서 흙으로 돌아간다고(전3:20) 한다. 태우든지 어찌 하든지 결국 땅에 있는 것이요, 어디서 부활을 하든지 결국 없는 데서 살아나게 되는 것이니, 문제가 되지 않으나 조금 힘이 들더라도, 유족이 잠든 이가 그립고 보고 싶으면 그 곳에라도 가 볼 수 있도록 묘를 만드는 것도 유익하리라.

또 생각나는 것은 영정사진이란 것. 우리 부모님 때는 그런 것 없었다. 내 아버지는 남겨 놓은 사진이라고는 한 장도 없다. 시골에서 어렵게 살다가 가셨으니까. 잠들기 전에 함께 찍어둔 사진을 보며 생각하는 것이 좋은 것이지 왜 독사진을 만들어 검은 테를 둘러 외롭게 추방을 해?

그리고 잠든 이의 유품 중 성경 찬송은 관 안에 넣어주는 사람이 많은 데, 그러지 말고 두고두고 보물처럼 읽어 보는 것이 좋을 듯. 줄을 긋고 읽었던 자취에서 잠든 이의 체취가 느껴지고, 얼굴이 보이지 않는가?

잠깐! 유명한 가수 엘비스 프레슬리가 읽던 손때 묻은 성경. 이 성경은 그의 삼촌이 성탄절에 선물한 것을 20년간 읽다가 두고 간 것인데 94,000불에 팔렸다고. 이런 내용에 밑줄이 그어져 있었다고 한다.

> "사람이 만일 온 천하를 얻고도 자기를 잃든지 빼앗기든지 하면
> 무엇이 유익하리요"(눅9:25)

잠드는 예식을 흔히 천국환송 예배라고? 벌써 그의 영은 주님께로 갔는데 박자가 너무 늦다. 잠이든 것도 오래 되었으나 잠들었으니, 잠자는 상태는 시간과 상관이 없으니 잠드는 예배가 옳다. 그리고 잠든 사람을 위해 명복을 빈다는 것? 어두울 명자를 쓰는 것, 불교에서 쓰는 저승에서 복을 받으라는 뜻은 옳지 않고, 크리스천은 영을 위해 빌 수도 없고, 크리스천의 영은 천국에 갔으니, 그럴 필요성도 없다. 그리고 추모 예배란 불필요하다. 예배는 하나님께만 드린다.

> "내가 도둑 같이 오리니 … 부끄러움을 보이지 아니하는 자는 복
> 이 있도다"(계16:15).

예수님은 가실 때 다시 오실 것을 약속하셨으니 반드시 오

실 것이요, 그 때가 임박한 것은 현실이 말해 준다. 믿음으로 입는 의의 옷을 입고, 주님을 기다리는 깨어 있는 성도가 복이 있다(마22:11; 12; 계3:4, 5).

지금 부끄러운 모습이 많이 있다. 교회에서 동성애자를 목사로 세우기까지 하니, 개도 안하는 짓을 하니 그냥 두실까? 주님은 속히 오신다.

> "… 어린 양의 혼인 잔치에 청함을 받은 자들은 복이 있도다
> …"(계19:9).

주님이 다시 오시면 성도들이 구름타고 공중으로 올라가 하늘나라에서 주님과 함께 살게 되는 것을(살전4:16, 17) 어린 양의 혼인 잔치라고 한다. 성경에 성도를 신부라고 했으니 신랑 되신 예수님을 맞을 준비를 하고 단정하게 살아야 한다(엡5:25-27).

백 번이라도 죽어 마땅하고 지옥에 가야 마땅한 것들을 보혈로 구속하시고, 주님의 신부로서 하늘나라에 들어가서 살게 된다는 것 꿈에도 생각 못하던 일, 얼마나 감사한 일인가? 은혜, 오직 은혜 밖에는 없다.

> "첫째 부활에 참여하는 자들은 복이 있고 거룩하도다"(계20:6).

여기서 천년왕국설(전천년)의 근거를 찾게 된다. 주님이 다

시 오시면 공중에서 성도들을 맞아 주시고, 성도에게 상급을 주시고, 혼인 잔치가 있게 되고, 천년왕국이 이루어지고, 그 다음에 주님이 지상에 임하시고, 곡과 마곡의 전쟁이 있고, 백보좌의 심판, 그 이후에 영원한 하늘나라가 계속된다.

그러나 무천년설에선 예수님을 영접하고 새 사람 되는 것을, 곧 영적부활을 첫째 부활이라고 한다.

하여튼 우리가 살고 있는 이 시대는 주님이 오실 때가 가까운 시점이라는 것, 영적으로 부활한 것도 감사하고, 다시 올 육적부활도 감사할 것 밖에 없다. 죽어 마땅하고, 지옥에 가야 마땅한 것들을 영생의 길에 들어서게 해 주신 복, 그 은혜 무엇으로 보답할꼬?

"보라 내가 속히 오리니 이 두루마리의 예언의 말씀을 지키는 자는 복이 있으리라"(계22:7).

이 말씀은 계시록 첫 번째 복과 같으나 속히 오신다는 말씀이 더 복이 되게 한다. 속히 오신다는 말씀 너무 좋다. 누구나 생전에 주님을 맞는다는 것, 이보다 더 큰 소망이 어디에 있을까? 주님 어서 오시옵소서.

이 곳과 저 곳 멀잖다 주 예수 건너 오셔서
내 손을 잡고 가는 것 내 평생소원이로다.
영화롭다 낙원이여 이 산위에서 보오니

먼 바다 건너 있는 집 주 예비하신 곳일세

그 화려하게 지은 것 영원한 내 집이로다.

"자기 두루마기를 빠는 자들은 복이 있으니 이는 그들이 생명나

무에 나아가며 문들을 통하여 성에 들어갈 권세를 받으려 함이

로다"(계22:14).

계시록의 일곱 가지 복을 다 알아보았다. 죄인들이 감히 상상할 수도 없는 복을 받을 수 있다니 너무 기이하고 좋아서 말문이 막힐 지경이다.

개보다 낫게 죽어야 된다는 말을 맺으면서 성경 역사상 이상한 죽임을 당한 사람들이 기억에 남아 있어서 그냥 지나 칠수가 없다. 세상 사람들은 가치 없는 죽음을 개죽음이라고 한다. 천하에 어떤 사람이라도 자살하는 것은 개죽음보다도 못하다. 특히 사람들이 개를 죽일 때 목을 매달아 죽였으니 목매어 죽는 자살은 그 사실을 증거 해 준다. 개는 사람들이 목을 매달아 죽였으나, 인간 스스로 그 짓을 한다는 것은 정말로 가치 없는 짓이다.

여기서 말하고자 하는 것은 세상이 볼 때는 아주 가치 없는 죽음 같았으나, 하나님이 보실 때는 정말로 귀한 죽음이었다는 것이다. 어떤 사건?

첫 번은 옛날 다윗 왕 때 다윗이 자신의 부하 병사였던 우리아의 아내를 왕궁으로 데려와서 범하고 이 일을 은폐하기 위

하여 우리아를 전선 최전방으로 보내어 적군에게 맞아 전사하게 한 사건이다(삼하11장).

다윗은 우리아의 아내 밧세바가 자기, 다윗으로 인하여 임신하는 것까지 숨기려고 우리아를 휴가 오게 하여 그의 아내와 잠자리를 함께 하도록 만들었다. 우리아는 휴가를 왔으나 전선이 걱정되어 아내에게 가서 자지도 못하고 밖에서 잠을 잤다. 며칠간 술을 마시게 하였으나, 취한 후에도 집으로 가지 아니하여, 결국 최전방으로 보내어 죽이기까지 했다. 이스라엘 나라는 하나님의 나라인데, 여기에 충성한 것은 하나님께 충성한 것이니, 우리아가 죽은 것은 세상이 말하는 개죽음이 아니고 사실은 영광스러운 죽음이니, 사람들은 다윗만 기억하는 편이지만, 하나님은 우리아에게 더 큰 상을 주실 것이란 생각을 해 본다.

다음은 세례요한의 죽음이다. 예수님이 여자가 낳은 자 중에 세례요한보다 더 큰 자가 없다고 하셨고(마11:11) 그는 예수님보다 먼저 와서 사람들이 예수님을 맞도록 길을 예비한 최후의 선지자요, 최초의 예수님 제자라 할 수 있으나 그가 죽임을 당한 것은 그야말로 어처구니가 없다.

당시 유대지방을 다스렸던 헤롯 왕이 자신의 제수를 빼앗은 일로 세례요한의 책망을 받았다. 헤롯과 그의 아내 된 간부 헤로디아가 세례요한을 감옥에 가두었다. 마침 헤롯의 생일을 당하여 여러 대신들과 고위직 관리들을 청하여 열었던 잔치석에서 헤르디아의 딸 살로메가 음란한 춤을 추어 칭찬을 받으니, 헤롯 왕이 그녀에게 무엇이든지 소원대로 주리라고 하였다. 여아가 제 어미에게 물으니, 어미가 세례요한의 머리를 청구하라고 하여, 세례 요한의 머리가 여아에게 주어졌다.

이런 어처구니없는 일이 벌어졌다. 선지자 중의 선지자 요한이 이렇게 미친 인간들의 손에 죽게 되었다. 낙원에 간 나사로가 지옥불 속에서 고통당하는 어느 부자를 본 것처럼, 지옥불 속에서 건너편 낙원에 있는 요한을 보게 된 헤롯의 식구들을 생각하게 된다.

세상에 살다가 맞이하는 죽음은 천만 가지의 사연이 있을 것이다. 그러나 하나님 앞에서 인정받는 죽음이란 많지 않을 것이다. 비록 세상에서는 인정을 받지 못 한다고 해도 산 자와 죽은 자를 삼판하시는 만주의 주이신 주님께 인정받는 죽음으로 세상을 떠나야 영광의 나라에서 주님을 맞게 될 것이다.

개보다 나아야 천국 간다

05.
크리스천의 성숙한 신앙을 위하여

예수님을 깊이 생각하자(히3:1)

예수님을 영접했을 때 처음 사랑은 뜨거웠으나, 갈수록 희미해지고, 많은 사람이 믿는 예수님을 나도 믿고 있다는 정도로 생각하고 있는가? 누구나 한 때는 이렇게 되기도 하겠지만, 지금도 여전히 그렇거나 그보다 더욱 소극적인 믿음을 가지고 있는가?

성경책에 먼지가 쌓이고 있기라도 하는가? 얼른 정신이 들게 하는 말씀들을 펴보자. 사복음서의 뒷 부분이나, 이사야서 53장 같은 곳을 열어보자. 거기에는 예수님을 생각할 수 있는 내용들이 있다.

우리는 평소에 가끔은 내가 누구에게 사랑의 빚을 졌거나, 내가 인색하게 살았던 것을 기억하면서 미안한 마음이 들어서 마음이 상하기도 하지만, 주님을 깊이 생각하는 시간은 거의 없이 지나가게 되는 것은 역시 육신을 가진 인간이라서 그런 것 같다. 이제라도 주님을 깊이 생각해 보자. 이 시간이 가장 복된 시간이 될 것이다. 예수님 역시 우리와 똑 같은 육신을 가진 분이라서 어느 때쯤 자신의 십자가를 인식하셨던지 궁금하다. 그 분은 그때부터 십자가에 대한 억압감, 중압감을 가지고 사셨을 것이다. 세상에서 그 어떤 사람도 어릴 때부터 죽을 것을 고민하는 사람은 없을 것이다. 그냥 죽는 것도 아닌 십자가에 달린다는 피를 말리는 그런 고통은 길어도 너무 긴 것이다.

"나는 받을 세례가 있으니 그것이 이루어지기까지 나의 답답함이 어떠하겠느냐"(눅12:50).

혹 잘못 생각하기를 예수님은 일반 사람들과 다른 전능하신 분이라고? 아니다 그의 육신은 우리와 똑 같은 체질이었다고 한다.

"우리에게 있는 대제사장은 우리의 연약함을 동정하지 못하실 이가 아니요 모든 일에 우리와 똑같이 시험을 받으실 이로되 죄는 없으시니라"(히4:15).

그러니까 죄가 없으니 더욱 더 어린 아이처럼 고생이 심했을 것이다. 어느 의사가, 주님을 위해 목숨을 희생하는 자를 가리켜 아주 독한 사람이라고 했다. "이놈들 나를 이렇게 죽여"하고, 그러나 그런 표현은 옳지 않다고 본다. 그들도 주님

개보다 나아야 천국 간다

을 생각하면서 죽임 당하는 것을 이겨냈을 것이다.

우리도 어떠한 역경을 당하더라도 주님을 생각하면 능히 이길 수 있다고 생각한다.

"우리는 우리가 행한 일에 상당한 보응을 받는 것이니"(눅23:41).

예수님 옆에서 사형당하다가 회개한 한 강도처럼 우리 모두는 우리의 죗값으로 당하는 세상 고통이라는 것을 알면 이길 수가 있다.

우리는 하룻밤 꿈자리가 나빠도 온 종일 기분이 좋지 않은 것을 경험한다. 그렇다면 자고 나서도 그냥 무서운 십자가를 지게 될 것을 매일같이 생각하고 고민하면 그 고통이 오죽하겠느냐 "그 이루기까지 나의 답답함이 어떠하겠느냐"는 것은 우리가 만분의 일이라도 알 수가 있을까"

우리의 인생살이는 남의 고생쯤은 들어도 그러려니 하고 오랫동안 같이 울어주고, 혹은 웃어 주고 하지를 못하는 것이 사실인데, 주님은 자신하고는 전혀 상관없는 세상 죄인들의 죗값을 대신 담당하시는 고통, 그것도 주님은 달게 받기를 원하시지만, 연약한 육신이다 보니, 그 마음의 고통이 심했을 것은 어찌 말로 다 표현할 수가?

"내가 내 목숨을 버리는 것은 그것을 내가 다시 얻기 위함이니
이로 말미암아 아버지께서 나를 사랑하시느니라
이를 내게서 빼앗는 자가 있는 것이 아니라 내가 스스로 버리노라"(요10:17, 18).

주님이 당하신 시험?

우리 죄인들과 같이 시험을 받으셨다고 했으니 어떤 시험? 십자가를 질 필요도 없고 예쁜 처녀를 만나 결혼이라도 해서 편안하게 살고 싶은 유혹도 있을 수 있을 것이다. 마귀가 직접 시험을 하기로는 천하만국을 소유하는 유혹이나, 하나님의 아들이냐는 시험(마4:1-10)같이 큼직한 것이었으나, 조그만 것 아주 안락하고 고통 없이 살고 싶은 시험이 없었겠는가?

주님도 시험을 당하셨으니 우리에게는 물론이다. 세상살이가 우리 마음대로, 우리의 뜻대로 되는 것이 아니라고 해서 낙심할 필요도 없고, 서운하게 생각할 필요도 없다. 특히 세상에서 무슨 영업을 하는 사람은 정말 순탄하지 아니할 것이다. 그래도 우리에게는 기도할 곳이 있다. 세상보다 크신 하나님이 계신다.

"자녀들아 너희는 하나님께 속하였고 또 그들을 이기었나니 이는 너희 안에 계신 이가 세상에 있는 자보다 크심이라"(요일4:4).

우리에게는 우리의 연약함을 경험하시고 이해 하시는 주님이 우리 안에 계셔서 이기게 하시니 얼마나 든든한가(히4:15).

"그가 시험을 받아 고난을 당하셨은즉 시험 받는 자들을 능히 도우실 수 있느니라"(히2:18).

예수님을 깊이 생각하는 것은 우리 이웃을 대하듯이 예수님

개보다 나아야 천국 간다

에 대한 동정심을 가지자는 것도 아니요, 이해 하자는 것도 물론 아니고, 예수님을 배우자는 것이다. 문제는 어떠한 시험에도 주님께 기도하면 이기게 되는 것이지만, 기도하지 않는다는 것이다. 오히려 주님께 숨기려 하고, 혼자 죄를 범하기도 하고, 혼자 고민하기도 한다.

예를 들어 다윗이 우리아의 아내 밧세바를 범할 때, 그 시점에 바로 궁중으로 들어가서 방에 박혀 기도했더라면 그 시험을 이겼을 것인데, 계속 범하는 쪽으로 가서 호미로 막을 것을 가래로도 막을 수 없게 되고 드디어는 우리아를 죽여 버리고 자신이 그의 아내를 데려오게 된다(삼하 11장). 다윗이 나단 선지자를 만나서 호된 책망을 받게 될 때야 죄를 회개하고 간절히 부르짖는 것을 보면, 그 이전에 깨달았다면 시험을 물리쳐 달라고 능히 기도할 수 있었을 것이란 것을 알 수 있다(시 51편).

오늘의 크리스천은 그 안에 성령께서 늘 계시니 얼마나 좋아. 어려운 일을 당하면 깨닫게 해 주시니, 기도하고 의논하면 이기게 되는 것을 그렇게 하지 않고 죄를 범하거나, 넘어지거나, 자기 마음대로 결정하고 행한 뒤에 성령님을 근심시키고 (엡4:30) 자신도 괴로워하는 일이 있을 수 있다.

크리스천도 성령님이 자기 안에 계시는 줄을 모르고 사는 사람이 많다. 오늘날 교회에서 가르치는 것을 보면 성령님에 대한 증거가 거의 없다. 그냥 일반 생활 이야기를 많이 하고, 형통하고 복 받는 것만 가르치고, 위로하고, 쓰다듬고, 격려하고 용기를 주는 데만 치우치고 있는 실정이다. 주님께 배워서 죽을힘을 다해 기도하고, 시험을 물리치고, 승리하는 삶을 살아야 한다.

죄인들의 친구이신 예수님(마11:19)

예수님은 죄인들 그 누구도 무시하시거나 멀리 하신 적이 없다. 어떠한 죄인도 주님께 가면 용서하시고 기뻐하셨다. 주님은 죄인의 구주로 오셨으니 더 무슨 말이 필요 하겠느냐마는 하나의 인간으로서 보더라도 주님의 죄인 사랑을 보고 우리가 감복할 수밖에 없다. 세상에서 죄인을 좋아하는 사람은 아무도 없다. 가까이 하다가 오히려 손해 볼까 해서다. 그러나 주님은 그러지 않으셨다. 세상 사람들이 싫어하였던 세리 마태를 제자로 삼으신 것부터다.

> "인자는 와서 먹고 마시매 말하기를 보라 먹기를 탐하고 포도주를 즐기는 사람이요 세리와 죄인의 친구로다 하니"(마11:19).

세상에서는 조금이라도 직급이 높은 사람을 스스럼없이 만나기가 쉬운 것이 아니다. 그러나 주님은 그렇지 않았다. 얼마나 편했던가. 한 바리새인이 예수님을 초청해서 그 집에 들어가 앉으셨을 때 그 마을에서도 알려진 죄인인 여자 하나가 찾

개보다 나아야 천국 간다

아간 것을 보라. 그녀는 향유를 가지고 와서 예수님의 발에 붓고 눈물로 발을 적시고 머리털로 씻었다(눅7:36-38).

죄인인 여자와 예수님 간의 격의 없는 모습은 정말 놀랄만하다. 누가 이렇게 할 수 있을까? 어느 교황도, 어느 목사에게도 이렇게 접근하기 힘들다. 각종 종교 지도자들은 직함부터 아무나 가까이 하지 못하도록 높여 놓고, 이름도 무슨 높은 의미로 된 것을 지어서 부르고 있다. 특히 우상 종교에서는 더욱 더하다. 게다가 이상한 복장으로 차려 입고 다니기도 하니 더욱 더 일반인들과는 거리가 멀어진다. 하기야 공산주의자들은 인민을 중하게 여긴다고 해서 의복을 노동자의 복장차림으로 만들어 입어도, 고급 직물로 만들어 입고, 무서운 독재정치로, 인민을 착취하는 계급으로 변하기도 하지만, 하여튼 섬기는 사람은 드물고, 가까이 하기 쉬운 사람도 드물다.

주님은 "인자가 온 것은 섬김을 받으려 함이 아니라 도리어 섬기려 하고 자기 목숨을 많은 사람의 대속물로 주려 함이니라"(마20:28).

주님을 보면 자신은 없고 오로지 이웃, 곧 죄인들을 위한 헌신 밖에는 없었던 것을 생각하면 우리들 크리스천도 섬기는 사람, 이웃을 편안하게 하는 사람으로 훈련이 되어야 하겠다.

제자들이 3년간 따라 다녔으나 싫증을 내지 않았던 것을 생각해 본다. 흠이나 주름 잡힘이 없었다는 것은 무엇인가? 사람들은 자신을 깨끗하거나, 거룩하게 보이려고 사람들과 거리를 두고, 속세를 떠나거나 아니면 그러한 울타리를 쳐놓고 사는 방법을 사용하지만, 주님은 집도 없이 사시면서 모든 것이 공개된 생활인데도 제자들이나 수많은 사람들의 존경을 받으신 것을 생각해보자.

잠깐! 나이가 들면서 싫어지는 것은 신사복 차림으로 다니는 것이다. 아무렇게나 편하게 입고 다니고 싶다. 수십 년을 정장차림으로 다녔던 것이 싫어진다. 교회의 전통적인 예복. 목회자들은 항상 정장 차림은 물론, 행사 때마다 다른 예복. 이를테면 예배를 드릴 때나, 결혼식 주례, 장례식, 성찬식 때마다 예복이 따로 있고 예배 때도 심지어는 박사가운을 입는 것은 어디서 가져온 풍습인지? 갈수록 다른 종교, 곧 가톨릭이나 절간에서 입는 것처럼 더 화려해지고 있다는 것은 권위의식은 높아지고 실속은 없는 것을 자랑이라도 하는지? 사람들과 가까워지고 만나는 사람을 편하게 하려면 예수님처럼 되어야 하는 것을 모르는가? 예수님이 별난 옷을 입으셨더라면 겟세마네에 예수님을 잡으려고 온 사람들이 예수님을 몰라보아서 유다가 예수님에게 입을 맞출 필요가 없었을 것이다. 외화내빈이다. 가짜가 더 요란하게 진짜라 선전을 하는 장사꾼들을 닮아가고 있는가? 지금부터라도 작업복 차림으로 강단에선 목사들을 보고 싶다. 의상부터 바꾸어야 더 친밀하고 자상한 사람이 될 것 같다. 잠깐!

마을 사람들아 옳은 일 하자스라
사람이 태어나서 옳지를 못하면

개보다 나아야 천국 간다

마소를 갓꼬깔 씌워 밥 먹이나 다를까

누가 옳은 시조인지는 모르나 개보다는 낮게 살려는 몸부림이 아닐까? 하여튼 만나 뵙기가 편했던 예수님. 어떠한 죄인이라도 너 왜 그런 못된 죄를 범했느냐고 무서운 책망은 뒤로하고 편하게 맞아주셨던 주님이 한 없이 그립다.

간음하다가 현장에서 잡혀 온 여인을 성전으로 끌고 온 유대인들은 율법대로 돌로 쳐 죽일 생각을 하고 있었으나 예수님은 너희 중에 죄 없는 자가 먼저 돌로 치라고 하셨다. 이 말씀에 가책을 받은 그들이 다 떠나고 나서 나도 너를 정죄하지 아니하노니 가서 다시는 죄를 범치 말라고 하셨다(요8:1-11). 이상한 것은 간음은 혼자서는 못하는 것인데 남자는? 결국 그들이 가책을 받았다는 말씀에 다 포함된 것. 이렇게도 인간이란 남의 죄는 보이지만 자신의 죄는 안 보이듯, 그러나 안 보이는 게 아니라 눈을 감으려는 것이다.

하나님으로서 어지신 예수님

나다나엘이 "나사렛에서 무슨 선한 것이 날수 있느냐"고 했을 때도(요1:46) 주님은 "이는 참으로 이스라엘 사람이라 그 속에 간사한 것이 없도다"(요1:47) 하셨다. 세상에서 조금이라도 인정을 받는 사람이라면 당장 버럭 화를 내면서 만나보지도 않고, 무시한다고 나쁜 놈이라 할텐데.

나사로를 친구라고 하신 주님

예수님은 나사로가 죽었다고 할 때 친구라 하시고, 그를 죽인 사망 권세에 대해서 통분히 여기사 울기까지 하셨고, 죽은 지 나흘이나 되는 그를 살려주셨다(요11장). 우리는 주님을 친구라고 부르기에는 너무 황송하나, 주님은 신실한 성도를 친구라 하시니 얼마나 고마운가.

도마와 같은 미련한 제자를 사랑하시는 주님

주님이 죽은 나사로를 살리려고 가시는 데, 우리도 주와 함께 죽으러 가자고 했다(요11:16) 이 눈치도 코치도 없는 것도 제자를 삼으시고 데리고 다니셨다. 이 도마는 예수님의 다른 제자들이 예수님이 부활하셨다고 할 때도 내가 그 손을 보고 옆구리를 보고 믿겠다고 했으나, 다시 주님은 도마가 있을 때 나타나셔서 손을 보고 옆구리를 보고 믿으라고 하셨다(요 20:25-27).

잠깐! 이렇게 미련한 사람도 끝까지 돌아보시는 주님이시니, 어리석고 미련하다고 낙심 말아야 되겠다고 생각한다. 지난날을 돌아보면 바보짓을 한 것이 한두 번이 아니었다. 그래도 붙들고 계셨던 주님이 너무 고맙다.

성도들 가운데서도 약삭빠르고 빤질빤질한 사람보다는 때로는 좀 손해를 보더라도 우직하게 살고 있는 사람들 낙심치 말아야겠다.

개보다 나아야 천국 간다

부활 후 바닷가에 나타나신 주님

베드로는 예수님이라는 말을 듣고 겉옷을 두른 후에 바다로 뛰어내려 예수님께로 향했다. 한 때는 주님께 십자가를 지지 말라고 하여 사탄이라는 책망도 들었고, 주님을 세 번이나 모른다고 했던 베드로도, 요한 외에는 모든 제자들이 예수님이 고난당하시는 때는 도망을 갔지만 그래도 이 새벽에 생선과 떡으로 조반을 준비하고 기다리신 주님, 이러한 때는 따뜻한 엄마 같이 다정하셨다(요21장) 잠깐! 나 같으면 주님을 붙들고 엉엉 울었을 것 같은데 제자들이 울었다는 말은 없다.

다시 베드로에게 하신 주님의 말씀

세 번이나 네가 나를 사랑하느냐? 하셨을 때 세 번이나 예수님을 부인한 베드로의 심정이? 주님은 아무 책망도 아니 하시고 사랑하느냐고만 하셨다.

잠깐! 이때 베드로의 마음이? 주님이 책망하신 일은 거의 없다. 베드로는 책망 들어야 마땅했기 때문에 한 번 있었으나(마16:23) 이 주님을 생각하면서 나 같은 죄인 살리신 주 은혜 놀라와 찬송이 나올 수밖에.

베드로에게 마지막으로 하신 말씀

"네게 무슨 상관이냐 너는 나를 따르라"(요21:22).

이 말씀은 예수님이 앞날에 베드로가 십자가를 질 것을 말씀하시기에, 요한은 어떻게 되겠느냐고 여쭈어 봤을 때 하신 말씀이다(요21:18-22).

크리스천은 누구나 자신의 할 일이 있다. 큰 길, 곧 주님께로 가는 길은 하나 밖에 없으나, 각자가 자신의 소명을 다해야 한다.

잠깐! 나는 베드로에게 비교할 수도 없는 인간이지만 매일 가끔 가끔 이 말씀을 생각하면서 산다. 천하에 모든 사람은 다 자신이 할 일이 따로 있다. 다른 사람이야 뭘 어떻게 하며 살든지 나와 상관이 없다. 나는 오직 내가 갈 길을 간다고.

다른 사람 어찌든지 나 주님의 용사되리
주의 용사된 나에게 주의 일 맡기소서.

다시 잠깐!
"여우도 굴이 있고 공중의 새도 거처가 있으되 인자는 머리 둘 곳이 없다"(마8:20).

객지. 여기가 어딘가? 멀리 멀리 미국까지 와서 지난해는 쾌적하고 싼 아파트로 이사를 오게 되어, 주님 생각하면서 맨 처음 기도를 드리면서 울었다. 돌아보면 이곳에 오기까지는 지구를 몇 바퀴를 돌 수 있는 거리를 날아다니고, 타고 다니고, 걸어 다니고, 여기까지 80평생을, 그래도 집이 없어 고생한 적은 없으니, 주님께 비하면 부자로 살았으니, 감사하기도 하고 죄송했다. 주님의 말씀을 생각하면서 집 때문에 어려워도 감사하자.

겟세마네에서 기도하신 주님의 모습

십자가를 앞에 두고 계신 주님은 아버지 하나님께 살려 달라고 기도하셨다.

> "그는 육체에 계실 때에 자기를 죽음에서 능히 구원하실 이에게 심한 통곡과 눈물로 간구와 소원을 올렸고 그의 경건하심으로 말미암아 들으심을 얻었느니라"(히5:7).

> "내 아버지여 만일 할 만하시거든 이 잔을 내게서 지나가게 하옵소서 그러나 나의 원대로 마시옵고 아버지의 원대로 하옵소서"(마26:39).

이 말씀을 읽고도 감동이 없다면 그 영은 산 것이 아니라 죽은 것이다. 육신을 가지신 예수님은 할 수 있으면 그런 고통을 당하고 죽기가 싫었던 것이다. 이보다 앞서 제자들에게 당부 말씀하셨다.

> "내 마음이 매우 고민하여 죽게 되었으니 너희는 여기 머물러 나와 함께 깨어 있으라 하시고"(마26:38).

십자가에 달리실 것을 생각하니, 한 순간, 한 순간 시간은 자꾸 다가오는데 정말 피가 마르는 고통과 살을 깎는 아픔이 있었을 것이다. 세상살이가 어렵고 힘들 때 지치고 피곤할 때 이 주님을 바라봐야 되겠다.

"너희가 피곤하여 낙심하지 않기 위하여 죄인들이 이같이 자기에게 거역한 일을 참으신 이를 생각하라"(히12:3).

지금도 전 세계에서 예수님을 믿는 신앙 때문에 박해를 당하고 있는 사람이 1억 이상이라고 하고 5분 만에 한 사람씩 죽임을 당하고 있다고 한다.

우리가 살고 있는 곳은 너무 평안하여 이런 줄도 모르고 주님을 사랑하는 마음도 식어지고, 나른한 신앙상태가 되어있지 않은지 정신 차려야 되겠다. 이렇게 기도하실 때 땀이 땅에 떨어지는 핏방울 같이 되더라고 했다(눅22:44). 우리는 이렇게 생명을 걸고 기도하는 시간이 없다. 왜? 우리 앞에는 이러한 고난이 없으니까. 그래서 우리는 예수님을 깊이 생각해야 한다.

겟세마네 동산의 주를 생각할 때에
근심이나 걱정을 사양할 수 있을까
나를 항상 버리고 주를 따라 가겠네

빌라도의 뜰에 선 주를 생각할 때에
수치 됨과 아픈 것 못 견딜 수 있을까
길이 참고 묵묵히 주를 따라 가겠네

개보다 나아야 천국 간다

갈보리산 올라간 주를 생각할 때에
나의 받는 괴롬을 비교할 수 없으리
십자가를 지고서 주를 따라 가겠네

무덤에서 부활한 주를 생각할 때에
환난이나 죽음도 두려울 것 없으리
승전가를 부르며 주를 따라 가겠네

환난도 없고 핍박도 없는 곳에 사는 사람들은 주님을 생각함으로 신앙이 성숙해진다. 부딪히는 일이 없으니 생각함으로 주님과 함께 살아야 한다. 그렇지 않으면 미지근해질 수밖에 없다.

성경을 읽어야 한다

떡으로만 사는 사람은 육신 밖에 모른다. 하나님 말씀으로 살아야 한다. 하루 세 끼 씩 밥은 알뜰히 챙겨 먹어도, 생명의 말씀인 성경은 매일 읽는 사람이 드물다. 바쁜 것 핑계를 하지만 바쁘다고 밥을 안 먹느냐. 아무리 바빠도 밥은 먹는다. 왜? 배가 고프니까. 그런데도 영은 갈급한 것을 모르고 살기가 쉽다. 육에 속한 인간이니까. 이 문제가 예수님과 다르다는 것이다. 예수님은 육신을 가지셨지만 영의 지배를 받고 사시니까 영적인 일을 더 챙기셨다.

"나의 양식은 나를 보내신 이의 뜻을 행하며 그의 일을 온전히 이루는 이것이니라"(요4:34).

예수님이 사마리아 여인에게 전도하실 때의 말씀이다. 오늘날은 SNS 그것이 사람들의 시간을 많이 빼앗아 가고 있다. 하여튼 사무실에, 타고 다니는 차안에 성경은 항상 비치해 놓고 있어도 안보는 사람이 많을 것이다. 성경을 안 읽으면 주님을 생각하는 시간을 가지기가 어렵다. 가까이 하면 할수록 싫어지는 것은 육신의 양식이요, 가까이 하면 할수록 당기는 것은 생명의 양식인 성경이다.

"꿀과 송이꿀 보다 더 달도다"(시19:10).

주님을 깊이 생각해야 내가 성숙해지고, 주님을 생각하기 위해서는 성경을 읽어야 한다.

일어나라 함께 가자

"일어나라 함께 가자 보라 나를 파는 자가 가까이 왔느니라"
(마26:46).

주님은 아버지께 살려 달라고 기도하실 때 피땀이 흘렀다고 한다. 그렇게 간절히 기도하시는 동안에도 제자들은 잠만 자

개보다 나아야 천국 간다

고 있었다고 한다. 정말 철부지한 아이들 같았다. 그러나 이제는 절박한 순간이 왔다. 주님이 이제 끌려가면 다시 만나기도 어려운 형편이다. 죄는 제자들과 만민이 지었으나 끌려가시는 분은 죄를 알지도 못하시는 예수님이다(고후5:21). 사랑하는 주님의 음성을 마지막으로 듣는 순간이요, 가장 절박한 순간이다. 제자들은 평생 이 순간을 잊을 수가 없었을 것이다.

조금 후에 예수님은 불법적인 법정이지만 법정에 서셨고 베드로와 요한은 따라갔으나, 베드로는 예수님을 모른다고 세 번이나 부인하는 계기가 되었고, 그 이후 그도, 요한 외의 모든 제자들도, 두려워 도망을 치고 말았다.

잠깐! 여기서 고칠 것이 있다. "그가 저주하며 맹세하여 이르되 나는 그 사람을 알지 못하노라"(마26:74) 한 것에 대해서 거의 모든 사람들은 베드로가 예수님을 저주했다고 보고 있으나 그게 아니고, 내가 그 사람(예수)을 알면서 모른다고 한다면 내가 저주를 받을지라도 나는 모른다는 뜻이다(참고 New American standard Bible) 그러니 베드로를 너무 고약한 사람으로 보지 말아야 한다. 우리도 세상을 살다보면 피곤할 때가 많아서, 할 일은 태산같이 많아도 "아이구 모르겠다"하고 드러누워 버리기 쉬운 때도 주님이 하신 이 말씀을 기억하고 힘을 얻어 일어날 수가 있고 기도하기가 어려울 때도 이 말씀을 기억하며 일어나야 한다. 세상에 그 어느 누구도 일어나라 함께 가자는 사람은 없다. 오직 주님뿐이다. 구약 아가서 "나의 사랑, 나의 어여쁜 자야 일어나서 함께 가자"(아

2:10)는 음성을 듣기를 원하면 이 세상 사는 동안에 겟세마네의 주의 음성을 듣고 깨어서 주님을 기다려야 한다.

주님은 겟세마네 그 이전부터 깨어 있으리라는 말씀을 자주 하셨다.

"그러므로 깨어 있으라 어느 날에 너희 주가 임할는지 너희가 알지 못함이니라"(마24:42, 25:13).

깨어야 일어난다. 깨어 있다가 일어나라 함께 가자는 말씀을 들어야 한다. 겟세마네의 제자들은 당시에 졸고 있다가 일어나라는 주의 음성을 들었던 것 같다.

잠깐! 깨어라는 말의 성경원어 발음을 그대로 옮긴 것, 그레고리를 그대로 이름을 지어 Gregory 라는 영어 이름이 많다. 그러나 그 이름을 가진 사람도 깨어 있을까? 노아 때와 같아서 먹고 마시고 시집가고 장가들고 하다가 홍수를 만났다는 말씀, 또 열 처녀 비유에서도 등을 준비하지고 못한 미련한 다섯 처녀가 갑자기 신랑을 맞게 될 때의 당황하는 것에 대한 말씀에서 깨어 있으라고 하셨다(마24:42, 25:13). 오늘날은 노아 때 정도는 벌써 지났고, 소돔성에 유황불 비가 쏟아지기 직전보다도 몇 십 배나 더 악하다. 그런데도 참고 기다리시는 것은 택하신 백성이 다 구원받기를 원하시기 때문이다(마24:22).

세상이 악하기에 교회는 방주와 같다고도 하는데, 교회는 깨어 있는가, 일어나 떠날 준비를 하고 있는가? 앞에서 이야기한 대로 동성애 목회자가 있는가 하면, 여러 부패한 교회가 싫다고 세운 사탄교회도 있다. 사탄교회는 욕망을 긍정하고, 천국과 지옥을 망상으로 인식하며, 신을 팔아 교회와 성직자의 부를 탐하는 기만을 증오한다. 그리고 현실적으로 잘 살 수 있는 지혜의 터득을 중요시하고, 영혼이란 없으며, 열심히 일을 해야 한다는 교리를 가지고 있고, 악마를 숭배하는 것이 아니다. 사탄은 신의 종이 아니라 독립적 존재라고 주장한다.

잠깐! 신문에 난 미국 목회자 자산 순위에서 이름은 생략하고 1위는 7억 6,000만 달러, 마지막 15위는 300만 달러다. 여기엔 유명한 목사들의 이름이 다 나타나 있다.

> "네게 있는 것을 다 팔아 가난한 자들에게 나눠 주라 그리하면
> 하늘에서 네게 보화가 있으리라 그리고 와서 나를 따르라"
> (눅18:22).

억만장자들, 이들 목회자들은 그들이 섬기는 교회의 성도들도 모두 부자들이라서 가난한 자들이 있는지도 모르는가 봐. 근데 이 부자 목사님들은 그 많은 재산을 두고 천국에 가기는 싫을 걸. 아니 또 이상한 사람들이 있다. 뭐냐? 미국에 무신론 목사 회원이 300명, 왜 이름을 그렇게 부르는지 기가 찬다. 목사가 뭐야. 정말 개가 듣고 웃을 소리.

지금 온 세계가 환난 중에 있다. 코로나라고 부르는 괴질,

이것이 어디서 처음 발생했던지 그것은 우연이 아니다. 하나님이 하나씩 하나씩 추악한 인간 세상을 벌하기를 시작하신지 오랜만에 무서운 이 재앙을 내리신 것이다.

인간이 인간답지 못하고 짐승보다도 못하니, 정신을 차리란 것이다. 그러니 이 재앙을 교회는 더 무서운 채찍으로 받아들여야 한다. 교회도 교회답지 못한 곳이 더러 있으니까 깨어나야 된다는 것이다.

잠깐! 요 며칠 전 미국 어느 지방에서 도축장에 갇혀서 죽을 날을 기다리던 소 40마리가 탈출해서 사람들에게 피해를 입힌 일도 있다. 하나님이 인간에게 잡아먹으라고 주셨지만 소들이 생각하기에는 자신들보다도 더러운 인간들의 손에 죽기도 싫고, 먹히기도 싫다는 것 아닐까?

코로나뿐만 아니라 온갖 질병으로 죽는 사람이 아주 많은 것은 다 알고 있는 사실 아닌가? 옛날 애굽의 바로 왕에게 내린 그러한 재앙이 계속되고 있는 것이고, 계시록에 나타난 재앙들이 나타나고 있는 것이다. 교회부터 깨어야 한다. 교회가 현실에서 잘 되기만 바라고, 안일 무사하게 지내고, 재미있게 산다는 것으로 할 일을 다 한다고 생각하면 안 된다.

주님이 사랑하시는 제자들을 일깨우신 그 사랑의 음성을 평소에도 늘 들을 줄 알아야 된다. 사랑의 음성이 진노의 음성으로 변하기 전에 깨어 일어나야 한다. 주님을 깊이 생각하게 하는 말씀으로 가득한 시편 22편으로 찾아가 보자. 앞에서 말했

개보다 나아야 천국 간다

듯이 우리의 생활이 순탄할 때는 우리가 주님을 깊이 생각할 수 있는 방법이 성경을 읽는 길 밖에는 없다.

하나님 아버지께 버림 받으신 예수님

"내 하나님이여 내 하나님이여 어찌 나를 버리셨나이까 어찌 나를 멀리 하여 돕지 아니하시오며 내 신음 소리를 듣지 아니 하시나이까"(시22:1)

주님이 십자가에서 최고의 고통을 당하셨던 때에 하신 말씀이다(마27:46) 아버지 하나님께 버림을 당하셨다는 것, 이보다 더 처참한 일이 있을까. 아무것도 잘못한 것이 없는 아들을 나무에 매달고 채찍으로 피가 줄줄 흐르도록 때린다고 상상해 보자.

이유도 없이 매를 맞으면 더욱 더 서럽다. 사랑을 많이 받을 수록 더 서럽다. 주님은 택하신 자녀들을 대신해서 벌을 받으신 것이다. 이사야서에 이렇게 말한다.

"그가 찔림은 우리의 허물 때문이요 그가 상함은 우리의 죄악 때문이라 그가 징계를 받으므로 우리는 평화를 누리고 그가 채찍에 맞으므로 우리는 나음을 받았도다
우리는 다 양 같아서 그릇 행하여 각기 제 길로 갔거늘 여호와께

서는 우리 모두의 죄악을 그에게 담당시키셨도다"(사53:5, 6).

주님은 이 사실을 미리 아셨다. 그래서 일찍부터 이 일을 두고 고민 하셨고, 겟세마네에서도 피땀을 흘리면서 기도하셨다. 그러나 막상 당하고 보니 너무 고통스러워 부르짖으신 것이다.

잠깐! 요 며칠 전 신문에 미국의 어느 곳에서 네 살짜리 여아가 변을 가리지 못한다고 애 어미가 삼일간 꼬박 벌을 세워서 애가 기진해서 쓰러져 죽었다고 했다. 이건 벌이 아니고 바로 사형집행이었다. 이런 어미는 인간이 아니고 악마다. 미국에서는 법으로 아예 체벌을 못하게 되어 있는 것은 누구나 안다. 한국에서 가끔 있는 양자에 대한 학대도 악한 것이다. 우리 주님은 친아버지에게 그 무서운 채찍에 맞으셨다. 누구를 위하여? 바로 나 자신을 위하여. 크리스천이 만에 하나라도 주님의 고난을 생각할 때 만민을 위해 당하신 것이다. 오직 나만을 위한 것이 아니라고 가볍게 여기는 실수는 없어야 할 것이다. 주님의 고난은 그 무엇보다도 아버지에게 외면당하신 고독이 심했을 것이다. 유명한 철학자의 말을 빌리지 않더라도 고독이란 무서운 병이다. 주님은 우리의 고독을 치료하기 위해서 고독 속에서 고난을 당하셨다.

예수님과 하나님이 없는 삶이란 정말로 인간을 고독하게 만드는 것이다. 에덴에서 쫓겨나던 아담과 하와를 생각해 보자 그 화려하고 아름답고 고운 동산, 하나님은 물론 천군 천사들과 만물이 친구가 되어주었을 텐데, 그곳을 떠나올 때의 마음이 오죽했을까. 인간은 그때부터 고독이 시작된 것이다.

온갖 예술 활동을 하고, 스포츠를 즐기고, TV를 시청하고, SNS로 모든 프로그램을 활용하고, 시간을 보낸다 한들 인간은 고독한 존재이다. 치매, 우울증, 그 밖의 모든 질병도, 고독과 상관된 것이 많을 것이다. 요즘엔 크리스천도 우울증 등 병에 걸리는 사람이 더러 있다는 것은? 예수님과의 교제를 피하기 때문이다. 예수님과 교제하려면 성경을 많이 읽어야 하는데, 그렇지 못한 것이 병이다.

하여튼 이 고독한 인간들을 살리려고 주님은 아버지께 버림을 받는 십자가 고통을 겪어야 하셨다. 하나님께서는 아담이 에덴에서 추방당하는 모습을 보면서 불쌍히 여기사 세상에 나가서도 상하지 않도록 가죽 옷을 지어 입혀주신 그때부터 인간을 측은히 여기시는 마음이 더욱 더 깊어지게 된 것 같다.

주님은 이 고독한 인간, 이 죄인들을 위하여 말할 수 없는 그 고독한 경지를 맛보신 것이다.

주 없이 살 수 없네 죄인의 구주여
그 귀한 보배피로 날 구속하시니
구주의 사랑으로 흘리신 보혈이
내 소망 나의 위로 내 영광 됩니다.

주 없이 살 수 없네 내 주는 아신다
내 영의 깊은 간구 마음의 소원을

주 밖에 나의 맘을 뉘 알아 주리요
내 맘을 위로하사 평온케 하시네

주 없이 살 수 없네 세월이 흐르고
이 깊은 고독 속에 내 생명 끝나도
사나운 풍랑일 때 날 지켜 주시고
내 안에 계신 주님 늘 힘이 되시네 아멘.

기도 응답을 받지 못하신 주님

"내 하나님이여 내가 낮에도 부르짖고 밤에도 잠잠하지 아니하
오나 응답하지 아니하시나이다"(시22:2).

주님이 십자가에 달리시기 전에는 십자가를 두고 밤낮 기도
하셨을 것이다. 우리 같으면 어떠했을까? 우리 마음이 어떠했
겠으며 어떻게 기도했을까?

성부 하나님과, 성자 예수님, 성령 하나님은 하나이시니 늘
응답하시고 하나로 계셨을 텐데 유독 십자가 문제는 응답을
안 하신 하나님, 결국 내 뜻대로 마시고 아버지의 뜻대로 하옵
소서 하신 기도대로 되었다. 주님의 뜻은 십자가를 지지 않는
것인데 이 기도에는 응답을 안 하신 것이다.

육신을 가지신 주님. 그 연약하신 몸에 십자가란 말로 다 할
수 없는 부담이었을 것이다. 우리는 어떤가? 조그만 계획을 세
워놓고도 고민하고 걱정할 때가 많은데 주님의 십자가?

개보다 나아야 천국 간다

우린 여기서도 기도하는 우리의 자세를 바로 가져야 한다는 것을 배운다. 우리는 기도를 아예 하지도 않고 걱정을 하기 쉽고, 아니면 그냥 처리해 버리는 일이 많다.

"나는 받을 세례가 있으니 그것이 이루어지기까지 나의 답답함이 어떠하겠느냐"(눅12:50).

이 말씀을 보면 십자가 이전에 벌써부터 기도를 해 오신 것인데, 이 문제는 응답이 없었던 것이다. 그러니까 십자가를 지지 않아도 된다는 응답이 없었다는 것이다. 우리의 기도도 주님의 뜻대로 되기를 바라고 계속 기도하면 음성으로 들려 주시기도 하겠으나, 그렇지 않아도 기도하는 중에 그 어떤 실마리가 풀려나가는 것을 볼 수가 있다. 우리는 기도를 안 하는 시대에 살고 있다. 기도하기 보다는 SNS에 빠져 있다 보니, 거기에 물어보면 거의 모든 문제가 풀리고, 몸에 병이나 들면 기도하지 않을 수 없어 기도하게 되는 경우가 많을 것이다. 주님이 불의한 재판관이 과부의 원한을 풀어준 사건을 예로 말씀하신 것을 들어보자.

"하물며 하나님께서 그 밤낮 부르짖는 택하신 자들의 원한을 풀어 주지 아니하시겠느냐 그들에게 오래 참으시겠느냐"(눅18:7).

이 말씀을 보면 기도하지 않을 수가 없다. 오죽하면 이런 예화까지 들려주실까? 바꾸어 말하면 하나님은 성도의 기도를 애타게 기다리신다고 볼 수 있다. 세상에서 어려운 문제없이 살아가는 사람이 어디 있을까? 기도하는 사람과 기도 안하는 사람이 있을 뿐이다. 이어서 말씀하신 것을 들어보자.

"내가 너희에게 이르노니 속히 그 원한을 풀어 주시리라 그러나 인자가 올 때에 세상에서 믿음을 보겠느냐"(눅18:8).

기도하는 사람이 없으니 믿음도 없을 것이요, 믿음이 없으니 기도하는 사람도 갈수록 보기가 힘들게 된다는 말씀이 되겠다.

오해하기 쉬운 것? 기도 응답이 없고 일이 제대로 안 풀리면 하나님이 내 기도를 안 들어 주시는 구나, 혹은 하나님이 나를 버리셨나보다 이렇게 까지 말하는 사람이 있다. 하나님께 범죄하지 않았다면, 기도하는 문제가 불의한 것이 아니라면 결코 버리시거나 기도를 외면하시는 것이 아니니, 더 기다리고 기도해야 한다. 성도가 의로운 편에 서 있고, 하나님 싫어하시는 일에 가담한 것이 아니라면 결코 낙심하지 말고 기도해야 한다.

"우리가 알거니와 하나님을 사랑하는 자 곧 그의 뜻대로 부르심을 입은 자들에게는 모든 것이 합력하여 선을 이루느니라"
(롬8:28).

개보다 나아야 천국 간다

사람들이 스스로 이러쿵저러쿵 하면서 하나님을 원망하거나, 그래서 낙심하고 포기하거나 하지 말아야 한다. "엘리 엘리 라마사박다니"를 부르짖으신 주님을 바라보면서 낙심 말고 기도해야 한다.

백성의 조롱거리가 되신 예수님

"나는 벌레요 사람이 아니라 사람의 비방 거리요 백성의 조롱 거리니이다

나를 보는 자는 다 나를 비웃으며 입술을 비쭉거리고 머리를 흔들며 말하되

그가 여호와께 의탁하니 구원하실 걸, 그를 기뻐하시니 건지실 걸 하나이다"(시22:6-8).

예수님이 십자가에 못 박혀 고통당하시는 모습을 보고 조롱한 사람들의 모양이 그대로 예언되어 있다. (막15:29-32).

"네가 너를 구원하여 십자가에서 내려오라"고까지 조롱을 하거나 (막15:30) 또 "그가 남은 구원하였으되 자기는 구원할 수 없도다"(막15:31) "이스라엘의 왕 그리스도가 지금 십자가에서 내려와 우리가 보고 믿게 할지어다"(막15:32)

성경 말씀이 이렇게도 예언된 대로 이루어졌다는 것. 사람들이 조롱하는 것이 정말 벌레처럼 여기는 것 같다. 십자가에 달려있다는 그 약점을 이용하여 조롱하는 인간들, 그 인간들

중에 나도 끼어 있었다고 생각하니 정말 나도 한심한 인간이었다는 탄식이 나온다. 유대인들만이 아니고, 내가 예수님을 못 박았고, 빌라도만이 아니고, 바로 내가 예수님을 죽였다. 잠깐! 내가 예수님을 영접한 후에도 이런 말씀들을 바로 깨달아 힘과 정성을 다 쏟아서 주님을 섬기지 못한 것이 너무 부끄럽고 죄송하다.

우리가 믿음으로 산다고 하지만 남에게 조금만 싫은 소리를 들어도 못 참고 성을 내고, 오랫동안 마음에 상처를 입고 괴로워하기도 한다는 것은 주님의 상처를 모르기 때문이다. 죄를 알지도 못하시는 주님은 이런 쓰라린 고통을 당하셨어도 입을 다물고 참으셨다는 것을 생각하면 무엇을 못 참겠느냐. 무슨 어려운 일을 당하더라도 주님을 생각하면서 참으면 주님께서 상을 주실 것이다. 예수님이시니까 그러셨고, 나는 어디까지나 나이니까 나는 나대로, 내 배짱대로 산다는 것은 크리스천의 삶이 아니다.

> "부당하게 고난을 받아도 하나님을 생각함으로 슬픔을 참으면 이는 아름다우나
> 죄가 있어 매를 맞고 참으면 무슨 칭찬이 있으리요 그러나 선을 행함으로 고난을 받고 참으면 이는 하나님 앞에 아름다우니라
> 이를 위하여 너희가 부르심을 받았으니 그리스도도 너희를 위하여 고난을 받으사 너희에게 본을 끼쳐 그 자취를 따라오게 하려 하셨느니라"(벧전 2:19-21)

개보다 나아야 천국 간다

크리스천의 신앙이란 주를 위한 고난을 받을 때는 성장하지만 안일 무사한 생활에서는 오히려 퇴보한다. 그래서 크리스천의 신앙 역사는 피 흘리는 역사라고 부르지 않는가? 그러나 오늘날 종교의 자유를 인정하는 나라에서의 삶이란 무엇이든 자유니까, 오히려 방종하고 헛된 데 신경을 쓰게 되어 신앙자체가 무너지기 쉽다. 세계지도를 펴놓고 보면 예수님을 믿지 않는 이교도의 나라들에서는 박해가 심할수록 믿는 자의 수도 늘어나고 있으나, 과거에 화려하게 꽃을 피웠던 크리스천의 나라들은 쇠퇴하고 있다는 것을 누구나 다 알고 있다.

인간이란 정말로 이상한 동물이다. 역시 인간 안에는 죄가 있기 때문에 결핍이 없으면 무엇을 얻으려 하지 아니한다. 육을 가진 인간은 영의 지배가 아닌 육신의 지배를 받고 있기에 육신이 고달파야 무엇을 추구하기에, 따라서 영도 살게 되지만, 반대로 육신이 만족하면 영은 죽을 지라도 아무것도 찾으려 하지 아니한다. 이것이 우리들 인간과 예수님이 다른 점이다. 예수님의 말씀을 들어보자.

> "내게는 너희가 알지 못하는 먹을 양식이 있느니라 … 나의 양식 은 나를 보내신 이의 뜻을 행하며 그의 일을 온전히 이루는 이것 이니라"(요4:32-34).

그래서 육신이 편안할 때, 편안한 사람들이 살고 있는 지역에 살고 있는 사람들은 성경말씀으로 예수님을 더 알고, 더 닮아가는 훈련을 하지 않으면 보다 더 성숙한 신앙인이 되기가 힘이 든다. 육으로 난 것은 육이라 했다(요3:6) 우리들 크리스천은 육으로만 난 일반 인간들과는 다르게 성령으로 한 번 더 나긴 했으나, 역시 육의 지배를 더 많이 받고 있기에 육신 쪽으로 기울어지기 시작하면 계속 그 쪽으로만 가기 때문에 막을 도리가 없고, 있다면 말씀으로 그것을 억제하고 막는 길 밖에는 없다.

잠깐! 곰을 잡으려면 곰이 출몰하는 지역에 칼날을 여러개 세우고 그 칼날에다 동물의 피를 발라 놓으면 곰이 그 피를 빨다가 죽는다고 하지 않는가?

육신을 경계하고 영을 깨우기 위해서 말씀과 기도로 양식과 호흡을 삼고, 그것도 더 보강하기 위해서 금식기도까지 하는 이유가 거기에 있다는 것.

> 존귀 영광 모든 권세 주님 홀로 받으소서
> 멸시 천대 십자가는 제가 지고 가오리다
> 이름 없이 빛도 없이 감사하며 섬기리다

이런 찬송도 아무 부담 없이 부르는 곳에서는 입으로만 부르는 것이지 큰 유익이 없다. 정말 멸시천대를 받고 살면서 불러야 힘을 얻을 것이다.

잠깐! 난 주의 일을 한다고 하면서도 너무 안일 무사한 생활만 했기에 이 찬송을 거의 안 부르게 되었다. 이유는 입으로만 부르는 게 부담스러웠다. 그러다가 수년 전에 내 아이가 치과 의사를 하다가, 그것도 미국에서도 너무 자연환경이 좋은 콜로라도에서 동남아시아로 복음을 전하러 가는 파송식에서 비로소 힘차게 불렀던 기억이 난다. 이야기가 나온 김에, 사실은 내가 신학교 재학 중에 어느 선배가, 그는 당시 울릉도에서, 나보고 제주도에 일하러 가겠느냐고? 그런 부탁도 거절한 터라 지금까지도 마음에 부담을 가지고 있다. 불충! 하여튼 주의 백성은 육신적 안일로 손해를 보는 경우가 훨씬 더 많다. 그래서 안일할수록 채찍질할 수 있는 방법은 주님이 당하신 고난을 생각하고 기도하는 것이 제일이다.

나는 벌레요 사람이 아니라

예수님이 십자가에 달리신 모양이 처참하다는 고백이다. 이 모습은 주님의 모습이 아니라, 천하에서 주님의 은혜로 구원받은 백성의 본래의 모습이다. 사람이 범죄하여 더러워지고, 가난하고, 병들고, 죽게 된 모습은 벌레 같은 것이다.

사람이 아무리 세력이 있고, 부유하더라도 그가 죄인의 몸으로 감옥에 갇힌 모습은 비참하다. 그래도 이렇게 보는 것은 인간이 인간을 보는 눈이요, 지옥에 가야하는 비참한 인간이야 벌레보다도 못한 것이 분명하다.

예수님이 이렇게까지 말씀하신 것을 보면 얼마나 그의 모습이 불쌍한 것을 말한다. 하나님 아버지께 부르짖어도 아무 응답이 없고 순간순간 목숨은 죽어가고, 어디에도 비교가 안 되는 처참한 처지에 있는 자신을 말씀하셨다. 아무리 건강하고 보기에는 흠이 없어도 죄인인 인간, 하나님 없는 인간, 하나님께 버림받은 인간은 아무 가치가 없다. 사람, 그 누구도 나는 벌레 같다고 생각해 본 사람은 없을 것이다. 세상에서는 사람을 만물의 영장이라고 한다. 천하 만물을 지배하고 다스리라는 하나님이 주신 권리를 가지고 있다. 그러나 이 인간이 타락하여 에덴을 쫓겨난 다음에는 아무 가치도 없다. 사람 자신이 위대하게 생각하고 큰소리치는 것이지, 하나님이 보실 때는 아무 가치도 없는 것이다. 생각해 보라. 사람들이 지옥에 대해서 너무 무식하니까 별 걱정 없이 먹고 마시고 즐기고 큰 소리치고 사는 것이지, 알고 보면 정말 비참한 것이다.

"거기에서는 구더기도 죽지 않고 불도 꺼지지 아니하느니라. 사람마다 불로써 소금 치듯 함을 받으리라"(막9:48, 49).

다시 "아버지 아브라함이여 나를 긍휼히 여기사 나사로를 보내어 그 손가락 끝에 물을 찍어 내 혀를 서늘하게 하소서 내가 이 불꽃 가운데서 괴로워하나이다"(눅16:24).

이러한 말씀을 실제 보지 못해도 짐작은 할 수 있다. 그러나 사람들이 크게 착각을 하고 있다. 자신이 보기에 자신은 지옥 갈 만큼은 악하지 않다는 생각, 이 세상에서 살인자나 아주 악한 자들이나 가는 곳이 지옥일 것이라거나, 아니면 하나님이

개보다 나아야 천국 간다

선한 분인데, 아니면 사랑의 하나님인데, 지옥에 보내지 않는다든지, 아니면 지옥이 어디 있느냐 소설 같은 이야기일 뿐이다, 아니면 하나님도 있는지 없는지 안 믿어지는데, 무슨 지옥이냐, 하늘과 땅 그 밖에 어디 있을 곳이 있기에? 라고 한다.

이런 식으로 착각을 하다 보니, 사람들이 계속 먹고 마시고, 세상에 살면서 기분이나 내고 다니는 것이다. 그러나 사람들이 이 세상에서도 거의 죽었다가 살아난 경우나, 무서운 병에 걸려 매일같이 신음하며 살거나, 전쟁이나 아니면 붕괴사고 같은 사고를 당하여 사선을 통과하고 살아난 사람은 지옥에 갔다 온 것 같다는 말을 하는 것은 사람이 수많은 고통을 당하고 나서야 하는 말이다. 근데 육신으로 체험해 보지 못했다고 해서, 눈으로 볼 수 없다고 해서 지옥이 없다는 것은 정말로 어리석은 생각이다.

주님은 십자가에서 벌레만도 못한 육신을 체험하셨고, 지옥의 고통까지 맛보신 것이다. 그래서 비참한 말씀을 하셨다. 이 사실을 바로 알고, 지옥에 갈 인간은 벌레보다 못한 것. 벌레는 지옥도 천국도 없으나 죄인에겐 있다는 것을 알고, 주를 모르는 이들은 주께로 돌아와야 한다.

그가 하나님을 믿으니 구원할 걸

이런 조롱과 업신여김은 무신론자가 크리스천을 상대로 언제든지 할 수 있다. 하나님을 믿는 사람도 병이 드는가? 그런 어려운 일을 당하는가? 할 수 있다. 지금 예수님은 십자가에 달리셔서 아무것도 할 수 없는 처지에 계시니까 이런 비아냥이야 그들이 하고 싶은 대로 지껄일 수 있는 상황이다. 상대방이 불리한 입장에 있을 때 싸움을 거는 것은 정말로 비겁한 짓이다.

잠깐! 6·25 때도 공산군이 내려와서 성도들에게 하는 말이 "하나님이 빵을 주느냐? 김일성 수령님은 빵을 준다"고 했다는 것. 총을 든 사람이 무슨 소리를 못하랴.

그러나 반대로 6·25이후 폐허에 꽃이 피게 한 이가 누구냐? 바로 예수님 아닌가. 지금도 남북이 갈라져 있어 남한에서까지 이념논쟁이 이어지고 있으나 한국을 살리신 분은 하나님이신 것을 세계가 다 알고 있다.

옛날 다니엘이 바벨론에 포로되어 가서 겪은 일도 이런 것을 말해 준다. 다니엘을 미워하는 대신들의 모함에 휘말려 그는 사자굴에 던져졌으나 다니엘은 감쪽같이 살아나왔다(단6장). 다니엘을 시기한 대신들은 다니엘을 조롱했을 것이다. "네가 하나님께 기도하고 있으니 그가 살려줄 걸"하고, 역시 다니엘은 털끝하나 상하지 않았다.

잠깐! 여기서 한 가지 짚고 넘어가야 하겠다. 성경을 배우고 잘 아는 사람들도 다니엘과 그의 세 친구를 본래의 이름대로 부르지 않고, 바벨론의 환관장이 지어준 바벨론식 이름을 부르고 있다는 것. 다니엘은 부르기가 쉬워서 그냥 부르는 것 같으나 사드락 메삭 아벳느고라고 부르는 것은 잘못하는 것이

개보다 나아야 천국 간다

다. 일제 강점기에 우리 민족을 일본화 시키려고 지어준 일본식 이름으로 부르게 되었던 각자의 이름, 소위 창씨개명이라는 것을 아는 사람들은 잘 알 것이다. 다니엘, 하나냐, 미사엘, 아사랴라고 본래의 이름을 불러야 한다.

다시 잠깐! 일제 말엽 우리 신앙의 선배들이 일본의 신사참배에 불응하여 수감되었을 때도 일본 형사들이 수감된 이들에게 신사참배 하겠다는 한 마디 말만 하면 풀어 줄 것인데, 바보들아 바보들아 했다는 말을 들었다.

요즘은 우리 주변에 있는 어느 교회에서도 신앙을 사수한 옛 성도들의 말씀을 증거하는 사람들을 보기가 쉽지 않다. 어디가나 달콤한 이야기, 기분을 좋게 하는 이야기나 늘어놓는 것을 들을 수 있다는 것은 매우 서운하다. 세상은 갈수록 악해지는데 정신을 차려야 악을 이길 수 있고 환난이 와도 이길 수가 있다는 것을 왜 몰라.

잠깐! 또 짚어줄 것이 있다. 어디 가나 설교, 설교라고 하는데 성경 어디에도 설교라는 의미로 된 것은 없다. 복음서를 비롯해서 계시록에 이르기까지 어디든지 말씀 증거, 증거하는 사람을 증인이라고 한다(요5:31-34, 행1:3, 22, 계1:2, 5). 결국 세상은 두 갈래로 나누어지고 만다. 예수님의 백성과 마귀의 군사들로 예수님을 믿는 사람들 외에는 다 하나가 될 수 있다. 세상의 모든 사람들과 사이좋게 잘 살아야 한다. 그러나 예수님 편이냐, 아니냐? 할 때는 단연코 주님의 편에 서야 한다.

"너희가 어느 때까지 둘 사이에서 머뭇머뭇 하려느냐 여호와가 만일 하나님이면 그를 따르고 바알이 만일 하나님이면 그를 따를지니라"(왕상18:21).

갈멜산상에서 엘리야가 살아계신 하나님을 보여 주기 위해서 기도하기 전에 한 말이다. 그때 엘리야 한 사람만 하나님 편에 서 있고, 모든 사람이 다 바알신 편에 서 있었다. 백성들은 마음속으로는 엘리야 편인 사람도 있었겠으나, 당시의 대세가 바알과 아세라 신을 섬기는 사람들이었다. 섬기는 신들의 대표자, 곧 선지자의 수가 바알의 편이 450인 아세라의 편이 400인이었고, 왕도, 그 신하들도 그들의 편이요, 특히 왕후 이세벨은 현장에는 없었으나 엘리야를 원수로 생각하는 여인이었다.

옛날 그 때만? 아니다 오늘날도 크게 알라신을 섬기는 이슬람과 그리스도 이 두 편이다. 이스라엘은 예수님께로 많이 돌아오고 있으니 이슬람 쪽으로 가지는 아니할 것이다. 다시 잠깐! 불교에서도 자기네 종교를 가르치는 사람을 설교사라고 부르고 있으니 크리스천들의 설교나 설교자와 다를 바가 없다. 크리스천은 말씀증거나, 성경증거, 복음증거라고 해야지 우리는 종교의 교리를 가르치는 것이 아니다. 교회, 교리, 기독교 이런 이름은 본래 잘못 부르게 된 것이다. 이렇게 부르니 유교, 불교 기타 다른 종교와 같이 크리스천이 믿는 것도 하나의 종교라고 생각하고 예수님을 믿으려 하지 않는다.

크리스천은 차라리 부활신앙이라고 하든지, 예수 믿음이라고 하고, 교회도 크리스천의 모임이라고 해야 옳을 것이다. 예수님은 그들의 말대로 하나님께서 구원하시는 것을 보여 주셨다. 우리들 크리스천도 믿고, 기도하고 참아서 하나님이 구원하시는 것, 하나님이 도우시는 것을 분명히 보여 주어야 한다.

많은 황소가 나를 에워싸며

예수님이 빌라도의 법정에서 재판을 받으셨을 때 유대인들은 주님을 십자가에 못을 박으라고 외쳤고, 십자가에 못 박히실 때는 로마 병정들이 둘러서 있어서 황소가 에워싸는 것 같았던 것을 말한다. 성도들이 이 세상을 살아가면서 적에게 에워싸이는 때도 있다. 평소 생활도 이러하다고 해야 옳을 것이다. 무슨 문제가 터지면 화살은 성도들에게 돌아간다. 세상의 많은 사람들은 예수님편 아니면 예수님의 적이 될 수밖에 없을 것이다. 예수님의 "원수가 집안 식구이리라"(마10:36) 하신 말씀대로 될 것이다. 크리스천은 사실상 원수들에게 에워싸여 사는 세상으로 점점 변해 가고 있으니 이걸 알고 대처해야 한다.

복음을 전하기도 점점 힘이 들게 되었다. 성도라고 해서 완벽한 성자는 찾기가 힘이 드는 것이 사실인데, 흠을 캐려고 하면 과연 누가 거기에 잡히지 아니할까? 사람들은 중심을 보지 못하고 외모로 보기 때문에 조그만 실수가 있어도 나쁜 사람이라고 하고 따르려고 하지 않는다. 그래서 좀 더 잘 사는 나라에서는 복음 전하기가 더 힘이 들고, 차라리 후진국에 가서 복음을 전파하는 편이 수월한 것이다. 주님이 당하신 고난을 기억하면서 세상에 나의 원수가 가득하다고 생각하고 주의해서 살아야 한다. 누가 간사하고, 배부르고, 교만하고, 삐뚤어진 인간들을 바로 인도할 수 있으리요.

나는 물같이 쏟아졌으며(시22:14)

육신의 고통으로, 머리에서 가시관 때문에 피가 흐르고, 양손 양발에서 흐르는 피로 몸에서 생명이 쏟아지는 느낌이었으리라. 뼈는 어그러졌으며, 마디마디가 어긋나고 쑤시고 쓰릴 터이니 그 고통 어이 말로 다 할 수 있을까? 가만히 있어도 뜨끔 할 때가 있는데, 손과 발에 대못을 박아서 그 고통이 온 몸에 퍼지니 오죽 아플까? 마음이 초밀 같아서 속에서 녹았다고 하신다.

불 켜는 초가 녹아내리는 모양으로 마음의 고통이 심하다고 하면 어찌 참을 수 있으랴, 마음이 타서 녹아내린다는 것 아니냐. 잠깐! 초등학교에 다닐 때 들었던 이야기인데 학생이 무슨 잘못이 있어서 선생님이 뺨을 한 대 쳤다. 그리고는 선생님이 물었다. "얼마만큼 아프니?" 학생이 선생님의 뺨을 도로 치면서 "이만큼 아파요" 했다고.

주님의 십자가 고통을 당해보지 않고 어찌 알 수 있으랴 우리가 신앙생활 하다가 어려운 일을 만나면 이렇게 고생하신 주님을 생각하며 이겨 내는 것 밖에는 더 무엇을 할 수가 없다. 바울의 말을 들어보자. 바울이 이렇게 되도록 만드신 예수님을 찬양할지어다.

> "내가 그리스도와 그 부활의 권능과 그 고난에 참여함을 알고자
> 하여 그의 죽으심을 본받아
> 어떻게 해서든지 죽은 자 가운데서 부활에 이르려 하노니"
> (빌3:10, 11).

바울은 이런 작정을 했다. 예수님의 십자가 고통도 맛보고 부활에 이르려 한다는 것이다. 그는 실로 주님만큼은 아니더라도 고난을 많이 겪었다는 것을 성경은 말한다.

> "형제들아 우리가 아시아에서 당한 환난을 너희가 모르기를 원
> 하지 아니하노니 힘에 겹도록 심한 고난을 당하여 살 소망까지
> 끊어지고
> 우리는 우리 자신이 사형 선고를 받은 줄 알았으니 이는 우리로
> 자기를 의지하고 말고 오직 죽은 자를 다시 살리시는 하나님만
> 의지하게 하심이라"(고후1:8-9).

다시 "… 내가 수고를 넘치도록 하고 옥에 갇히기도 더 많이 하고 매도 수없이 맞고 여러 번 죽을 뻔하였으니
유대인들에게 사십에서 하나 감한 매를 다섯 번 맞았으며
세 번 태장으로 맞고 한 번 돌로 맞고 세 번 파선하고 일 주야를 깊은 바다에서 지냈으며

여러 번 여행하면서 강의 위험과 강도의 위험과 동족의 위험과 이방인의 위험과 시내의 위험과 광야의 위험과 바다의 위험과 거짓 형제 중의 위험을 당하고

또 수고하며 애쓰고 여러 번 자지 못하고 주리며 목마르고 여러 번 굶고 춥고 헐벗었노라

이 외의 일은 고사하고 아직도 날마다 내 속에 눌리는 일이 있으니 곧 모든 교회를 위하여 염려하는 것이라

누가 약하면 내가 약하지 아니하며 누가 실족하게 되면 내가 애타지 아니하더냐"(고후 11:23-29).

잠깐! 내가 목회를 한다고 한 것을 기억하면서 바울의 수고와 한 번 비교라도 해 본다고 이렇게 길게 써 본 것이다. 너무 어처구니가 없게도 나는 일을 했다고 볼 수 없을 정도로 빈약하다. 꼭 고생을 해야 된다는 것은 아니지만 할 수 있으면 고생을 적게 하려고 애를 썼던 것이 부끄럽고 죄송할 뿐이다.

내 힘이 말라 질그릇 조각 같고

피가 끓는 청년시절, 기운이 넘칠 때인데 이 모양이 되셨으니 그 고통이 어떠했겠느냐. 피가 다 흐르고 거기에 기운도 함께 빠져 나가고 깨어질 것 같은 질그릇 모양이 되셨다는 것 어찌 표현할 수 있겠는가?

주님, 주님 불러 볼 수 밖에 없다. 내가 그 모양이 되어야 할 자리에 주님이 대신하신 것이다. 바울은 이렇게 주님이 당하

신 고난을 체험해 보려고 했다고 하지 않는가. 이런 자세만이라도 놀라운 것이다. 이 시대는 너무 육신적으로 살기 편한 곳이 많다. 물론 세계적으로 보면 산다고 고생하는 곳이 몇 배나 많은 것이 사실이지만, 하여튼 고생이 없는 곳에 산다는 것이 신앙의 성숙을 위해서는 유익이 없다는 것이 사실이다. 그래서 성경이 필요하고, 성경에서 예수님을 배우게 된다.

> "너희는 많은 환난 가운데서 성령의 기쁨으로 말씀을 받아 우리와 주를 본받은 자가 되었으니"(살전1:6).

> "형제들아 주의 이름으로 말한 선지자들을 고난과 오래 참음의 본으로 삼으라"(약5:10).

크리스천의 성숙한 신앙은 주를 본받고, 사도들을 본 받고, 선지자들을 본받는 데서 이루어진다. 그래서 평화스런 때나, 평화로운 곳에서 사는 크리스천은 성경에서 본을 받는 길이 있다. 성경을 읽지 아니하면 나태해지고, 세상에 보이는 것을 본받아 살기 쉽다.

> "너희는 이 세대를 본받지 말고 오직 마음을 새롭게 함으로 변화를 받아 하나님의 선하시고 기뻐하시고 온전하신 뜻이 무엇인지 분별하도록 하라"(롬12:2).

이런 말씀도 그 목표는 주를 본 받고 앞서간 사도들과 선지자들을 본 받는 것이다. 그리스도 안에 있는 자란 참 자유 자이다. 그러나 이 자유를 잘 사용할 수도, 잘못 사용할 수도 있다. 잘 사용하는 것이 주님과 성도들을 본받아 복음에 합당한 생활을 하고 주님을 기쁘시게 하는 생활이다.

잠깐! 앞에서 언급하기도 했으나 크리스천에 대한 하나님의 예정에 대해서. 모든 것이 예정된 대로 된다면 인간이 아무리 발버둥 쳐도 소용없는 것 아니냐. 그럴 바에는 가만히 있는 게 낫지 않으냐 하면서 예정을 부인하는 몰지각한 사람들이 있다.

이렇게 생각하는 것은 예정론이 아니고 숙명론이다. 예정론자와 숙명론자가 길을 가다가 어떤 사람이 쓰러져 있는 것을 보고, 숙명론자는 저 사람이 죽게 되어 있으면 죽을 것이고 아니면 살겠지 하고 지나갔으나, 예정론자는 내가 저 사람을 살리는 것이 하나님의 예정이라면 살려야 된다고 생각하고 업고 병원에 가서 살렸다고 해보자. 하나님의 예정은 사람의 할 일은 최선을 다하면서 결과를 하나님께 맡기는 것이다. 바울이 뭐라고 했던가?

"달려갈 길을 마치고 믿음을 지켰으니"(딤후4:7) 했다.

"죽도록 충성하라"(계2:10) 했지 그냥 적당히 살고 내게 맡기라고 하셨느냐?

그리고 어떤 이들은 예지 예정을 믿는다고 하면서, 이 사람이 끝까지 믿을 줄 알고 예정하셨다는 것을 믿는다고 하기도 한다. 이렇게 믿는 것은 하나님을 믿는 것이 아니고, 그 사람이 그 사람의 믿음과 장래를 결정한다는 것이니 이건 말도 안 된다.

그리고 이런 얼토당토 않는 어린애의 트집 같은 말을 하니까 이제는 절대 예정이란 말까지 한다고 한다. 이 말은 확실하나, 예정이면 그만이지 하나님께 시비를 거는 어리석은 투정질에 달리 대답할 필요가 없다. 인간이 왜 하나님이 하시는 일에 이러쿵저러쿵 불만을 품고 시비를 거느냐, 사람이 할 수 없는 일에는 헛수고 말라고 하나님이 경고하신 때가 가끔 있었다.

> "여호와께서 너희를 위하여 싸우시리니 너희는 가만히 있을지니라"(출14:14).

> "… 너희는 가만히 있어 내가 하나님 됨을 알지어다 …"(시46:10).

크리스천이 해야 할 일에는 행한 대로 상주실 것을 말하고 최선을 다할 것을 강력히 명하고 있는 것이 성경 말씀이다.

> "부지런하여 게으르지 말고 열심을 품고 주를 섬기라"(롬12:11).
> "운동장에서 달음질하는 자들이 다 달릴지라도 오직 상을 받는 사람은 한 사람인 줄을 너희가 알지 못하느냐 너희도 상을 받도록 이와 같이 달음질하라"(고전9:24).

> "… 인내로써 우리 앞에 당한 경주를 하며

믿음의 주요 또 온전하게 하시는 이인 예수를 바라보자 …
너희가 피곤하여 낙심하지 않기 위하여 죄인들이 이같이 자기
에게 거역한 일을 참으신 이를 생각하라"(히12:1-3).

내 힘이 말라 질그릇 조각 같다고 하신 말씀, 그 주님을 생각하고 바라보고 본받아야, 특히 평안히 살고 있는 성도들은 신앙이 성숙해진다. 내 안에 계신 성령께서 기뻐하신다.

내 혀가 입천장에 붙었나이다(시22:15).

나이 든 사람은 자주 입이 마르기도 한다. 역시 기와 혈이 부족한 결과일 것이다. 주님은 피를 다 흘리고 입이 마르니 혀가 입천장에 붙었다고 봐야 될 것이다. 이 고통이 오죽했으랴, 이런 고통을 당해 본 사람은 주님 밖에는 없을 것이다. 이런 고통도 체험하는 것 밖에는 설명할 길이 없다.

"… 하나님의 은혜로 말미암아 모든 사람을 위하여 죽음을 맛보
려 하심이라"(히2:9).

이 말씀을 생각하게 된다. 주님이 택하신 백성을 위하여 죽음을 맛보신 것은 이렇도록 힘들게 돌아가셨다는 것을 말한다. 주님이 십자가에 달려 고통을 당하신 것이 여섯 시간이다. 그 시간 시간에 피를 말리는 고통을 당하셨으니 어찌 사람의 말로 표현할 수 있으랴. 성경이 말하는 것은 주님께는 영육간

개보다 나아야 천국 간다

의 고통이었으나 사람들에겐 죽는다는 그것 때문에 마음으로 당하는 부담감, 이것을 대신하셨다는 의미가 강할 것이다.

"… 마귀를 멸하시며 또 죽기를 무서워하므로 한평생 매어 종 노릇 하는 모든 자들을 놓아 주려 하심이니"(히2:14, 15).

사람들은 어떤 경우에도 "네가 또 그렇게 하면 죽여 버린다"고 하면 하던 일을 그만 둔다. 그만큼 죽기가 싫고 무섭다는 것이다. 땅에 머물러 있을 수 없다는 것 그것을 싫어한다. 일반적으로 크리스천은 주님처럼 죽임을 당하여 고통 받는 일은 없으나, 복음을 전하다가 당하는 죽음은 과거에는 베드로처럼 십자가 형틀에 달리는 경우도 있었다. 그래도 그들이 달게 받은 것은 주님이 고통을 맛보셨고, 부활이 있다는 확신, 곧 죽음의 종에서 해방된 연고다. 하여튼 주님이 대신 죽음을 맛보셨고, 죽음이란 공포에서 해방시켜 주신 것을 무엇으로 다 감사드릴 수 있으랴.

내 모든 뼈를 셀 수 있나이다(시22:17)

뼈 마디마디가 쑤시고 아프니 셀 수 있을 정도로 온 몸이 고통을 당하셨다는 것이다. 일시에 죽는 죽음이 아니고 이렇게 온 몸이 고통을 당하시는 죽음의 맛을 보신 것이다. 히브리서 기자가 왜 죽음의 맛을 보셨다고 했을까? 엄마는 아기가 먹고 싶어 하도록 유도하려고 아기가 보는데서 먼저 아기가 먹어야 할 약을 맛본다. 심지어는 맛있는 것처럼 시늉을 하기까지 한다. 죽음이란 것은 모든 사람이 반드시 겪어야 할 과정이기에 이 과정을 넘어야 한다. 이것까지도 쉽게 편하게 넘기도록 하기 위하여 대신 죽음의 맛을 보신 주님, 그러면서도 한없는 고통을 당하신 것을 우리는 어떻게 생각해야 할까?

우리는 성경을 통하여 알게 되었으니 얼마나 더 고마운가? 알았으니, 주님의 사려 깊으신 그 사랑까지 알게 되었으니, 내가 주님의 뜻을 이해하고 당당하게 죽음을 맞아야 하겠다. 이 주님의 뜻을 따라 수많은 주의 종들, 특히 복음을 전하던 이들이 기쁘게 목숨을 바쳤다. 특히 구약 시대부터도.

"믿음으로 … 어떤 이들은 더 좋은 부활을 얻고자 하여 심한 고문을 받되 구차히 풀려나기를 원하지 아니하였으며
또 어떤이들은 조롱과 채찍질뿐 아니라 결박과 옥에 갇히는 시련도 받았으며
돌로 치는 것과 톱으로 켜는 것과 시험과 칼로 죽임을 당하고 양과 염소의 가죽을 입고 유리하여 궁핍과 환난과 학대를 받았으니
(이런 사람은 세상이 감당치 못하느니라)"(히11:33-38).

성경에 있는 말씀을 그대로 좀 길게 써보았다. 이렇게 쓰면서 힘을 얻고, 또 연단을 받아야 되겠다고 생각했다. 예수님과 동시에 십자가에 달렸던 강도 하나가 고백한 대로 (눅23:41) 우리는 마땅히 고통을 받아야 하는 죄인들이요, 또 주의 복음

개보다 나아야 천국 간다

을 위하여 일한다고 해도 복음에 빚진 자로서 당연히 할 일을 하다가 주를 위해 고통을 당하는 것이지만, 주님은 죄를 알지도 못하는 분이(고후5:21) 뼈마디 하나하나가 쑤시고 쓰라린 고통을 당하신 것은 정말로 고통스러웠을 것이다. 그러나 이것까지 달게 받으신 것은 과연 하나님의 아들이셨다는 것을 보여주신 사실이다(요10:17, 18).

이사야 53장으로 가 보자

"그가 찔림은 우리의 허물 때문이요 그가 상함은 우리의 죄악 때문이라 그가 징계를 받으므로 우리는 평화를 누리고 그가 채찍에 맞으므로 우리는 나음을 받았도다

우리는 다 양 같아서 그릇 행하여 각기 제 길로 갔거늘 여호와께서는 우리 모두의 죄악을 그에게 담당시키셨도다

그가 곤욕을 당하여 괴로울 때에도 그의 입을 열지 아니하였음이여 마치 도수장으로 끌려가는 어린 양과 털 깎는 자 앞에서 잠잠한 양 같이 그의 입을 열지 아니하였도다"(사53:5-7).

이보다 훌륭한 복음이 어디에도 없고, 이보다 아름다운 시가 또 어디에 있을까? 주님의 인류 구원 사역을 간단명료하게 표현한 것, 그리고 심금을 울리는 감동은 비할 데 없다. 주님은 이렇게도 자신의 사명을 다 하시고 우리를 구원하셨다. 오 주님! 이 주님 앞에 그 누구도 고개를 숙이지 않을 수 없고, 감히 입을 열 수 없게 되었다. 세상에서 제 아무리 권세가 있다

고 해도, 아무리 가진 것이 많다고 해도 아무리 성인군자라 해도, 아무리 미남 미녀라 해도, 아무리 유명하다고 해도, 아무리 고통을 당하고 괴롭고, 외롭고 슬프고, 고달프다 해도 입을 열 수 없게 되었다.

하나님이 하나 뿐인 아들을, 그러면서 죄를 알지도 못하는 그를 왜 이렇게 극형에 처하셨을까? 그 어떤 죄도 없이 할 수 있다는 것이 아닐까, 그리고 주님을 위해 일을 하다가 고생을 하고, 심지어는 십자가를 지더라도 불평을 못하게 하신 것 아니겠는가? 과연 앞서간 수많은 주님의 종들이 주의 복음을 위하여 일하다가 극형을 당하고 죽어간 것도, 그것도 기쁘게 당한 것은 이 주님을 바라보기 때문에 가능했던 것이다.

> "내가 그리스도와 그 부활의 권능과 그 고난에 참여함을 알고자 하여
> 그의 돌아가심을 본받아 어떻게 해서든지 죽은 자 가운데서 부활에 이르려 하노니"(빌3:10, 11).

바울을 이렇게 감동시킨 분이 바로 십자가를 지신 예수님이시다. 그 고난에 참여함을 알려고, 특히 평화로운 때에, 평화롭게 살면서 이러한 성경 말씀을 읽지 아니하면 이런 귀중한 보물을 어찌 알 수 있으랴. 이런 말씀은 죽기를 무서워하여 죽음에 종이 되어 있는 사람들(히2:15) 하고는 천양지차이가 있다. 십자가를 지나서 부활에 이르는 이 과정을 체험해 보겠다는

개보다 나아야 천국 간다

바울, 그는 사선을 통과한 것이 여러 번이었고, 마지막에는 피를 흘리고 그대로 죽임을 당했다. 바울은 주님을 본받아 이렇게 살았으니, 우리도 주를 본받고 또 바울을 본 받아 부활에 이르는 복된 훈련을 해야 되겠다.

잠깐! 주의 일을 열심히 뜨겁게 하지도 못하면서 수십 년을 이곳 미국 땅 을 밟기까지 많이도 다니면서 이사야 53장을 알기는 해도 오늘처럼 감명 깊게 접하지 못하다가 오늘은 이곳 5, 6절을 암송을 하게 되었다.

다시 잠깐! 이렇게 주님을 생각해보면서 오늘날 여러 사람들이 말하고 있는 중보기도를 떠올리게 된다. 어디 감히 중보기도? 예수님이 피땀을 흘리면서 뜨겁게 기도하실 동안에도 잠이 들어 있었던 제자들을 생각해보라. 그들의 모습이 우리들의 모습이다.

중보기도란 말은 그렇게 해도 질적으로 다른 기도라고? 그렇다면   왜 꼭 중보기도란 용어를 쓰는가? 성도들의 기도에 무게를 실어주고, 책임감을 주고, 격려를 하려고? 그래도 그렇지 이런 망령된 말이 어디 있는가? 가톨릭에서 신자가 범한 죄를 신부에게 고백하면 신부가 용서해주는 소위 고백성사를 꼬집으면서, 중보기도는 일보 더 전진한 행위가 아닌가?

딤전2:1의 도고가 그런 의미가 있다고 하기는 하나 간구와 기도나 모두 같은 의미를 강조한 것이라고 하는 것이 옳다. 조금 더 내려가서 딤전2:5에 중보도 한 분이시니 곧 사람이신 그리스도 예수라고 했다. 중보기도에서, 중보기도 자, 중보자란 말까지 서슴없이 사용하고 있으니 삼가야 할 것이다. 성도가 기도하는 것은 무엇을 위한 기도라고 하면 된다(엡6:18, 19).

하필이면 예수님께만 쓸 수 있는 중보기도냐? 겟세마네의 주님을 생각해보라. 요17장에서 기도하신 주님의 기도를 생각해 보라. 예수님을 깊이 생각하라고 한 의미를 한 번 더 되새겨보자.

침묵의 주님을 보라

말은 은이요, 침묵은 금이라는 말이 있으나 말을 하고 싶은 때 참는다는 것이 쉽지 않고, 말을 해버리고 나면 주위 담을 수도 없는 것도 문제다.

이유 없이 이리 저리 끌려 다니면서 심문을 당하실 때, 이놈들아 내가 누구인 줄 알고 이런 짓을 하느냐고 호통을 치고 싶지 않으셨을까? 그래도 참으셨다. 말이 통하지도 않는 인간들에게 말한다는 것이 더 가치가 없는 것이기에 그러셨을 것이다. 이렇게 침묵은 지키신 주님께 우리가 배울 것은 정말로 많다. 우리는 무슨 일을 만날 때 그냥 말을 다 해버리고 나면 때로는 내게 돌아오는 것이 오히려 손해가 된다. 무엇보다도 주님의 교훈은 억울한 누명을 쓰고 말을 참는다는 것이다. 내가 할 말을 다 해버리고 나면 하나님께서 나를 위해 하실 일이 없다. 내가 안하고 하나님께 맡기면 하나님이 여러 배로 크게 갚아주시는 것을 기억해야 한다.

지난날을 돌아보면 말을 잘해서 유익을 본 것도 있으나, 말의 실수로 손해를 입고, 지금도 후회를 하게 되는 일이 더러 있다는 것을 누구나 경험할 것이다. 예수님은 호통을 치고 12 군단 더 되는 천사들을 불러서 적을 다 파할 수 있었지마는 성경대로 하나님의 뜻을 이루어드리기 위해 침묵을 지키신 것이다(마26:53, 54). 잠언에도 여러 곳에 사람이 해야 할 말과 하지 말아야 할 것을 가르치고 있고, 야고보서에도 잘 가르쳐 주고 있으니, 더 말할 필요가 없으나 우리의 현실에서도 어린아이들의 말이란 언제 들어도 귀엽고, 재롱이 넘치지만 나이 들수록 이웃은 내 말을 곱게 받지 아니한다.

여기서 이웃이란 가장 가까운 사람들까지 모두를 말한다. 한 마디 말을 참으면 백 날이 편하다는 것은 이러한 경우를 말하는 것이다. 행복하기가 비할 데 없는 하늘나라에 갈 사람들이니 뭘 못 참아? 침묵하기가 힘들 때 주님을 바라보고 이겨야 할 것이다.

06.
성숙한 크리스천의 표어

앞에서 주님을 깊이 생각하는 일로 상당히 성숙하게 되었다고 본다. 아무나 주님을 생각할 수도 없고, 더구나 깊이 생각한다는 것은 힘들다. 사람들의 생활이란 거의 매일 같이 무엇을 먹을까, 무엇을 입을까 하는 것에서 자유롭지 못하다 보니 분주하기만 하고 알맹이 없이 지나는 때가 많다. 그렇다 보니 자신이 어떻게 살고 있는지도 모르고 지나가는데, 예수님을 생각하기는 정말로 어렵다. 이것이 인생살이다. 심지어는 주의 일을 한다고 신학을 졸업하고 교회에서 수십 년을 봉사하면서도 분주하기만 하고 주님을 깊이 생각하지 못하고 살았으니 무슨 말을 하랴. 성경을 읽는 것도 여기서 조금, 저기서 조금 읽고 가르치고, 일 년 동안에도 차근차근 일독을 못하는 때가 많았으니 생각하면 주님께 죄송하기만 하다.

누구의 말을 빌리지 않더라도 인생은 살 준비만 하고 살지는 못하고 가는 것이란 실감이 난다. 나처럼 주의 일을 한다고 하면서도 그렇게 살았으니 한심하다는 생각이 든다. 스티브 잡스의 말이 다시 들려온다. "당신의 인생은 유한하다. 그러니 타인의 삶을 사는 것으로 인생을 낭비하지 말라" 그렇게 말한 그도 IT 업계의 거장으로 그 방면에는 대 성공을 했으나 예수님을 영접하지 못하고 갔으니 결국은 최대의 실패작이었던 것이 그의 인생살이었다. 물론 이 문제는 인간의 마음대로 되는 것이 아니라고 하더라도 그가 예수님께는 관심이 없었다는 것이 엿보이기 때문이다. 심지어는 예수님에 대한 전문가라고 해야 할 내가 주님을 위해 전적으로 매달리지 못했다고 하면, 다른 모든 방면에서 소위 성공했다는 사람들도, 아니면 다른 사람이 운영하는 직장에서 일을 하는 사람들은 살 준비만 하고 살지 못하고 가는 사람들이 부지기수일 것이 틀림없다.

조금 전에 나 자신의 이야기를 조금 하게 된 것처럼 교회에서 목회를 하는 사람들도 매일같이 기계가 돌아가듯 분주하게 일을 한다고 하면서 정작 뜨겁게 일하지 못하고 직장(?)처럼, 사람들에게 친절하게 하고, 프로그램대로 운영만 잘 하면 사람도 많이 모이고, 성공했다는 평가를 받기도 하겠지만, 과연 주님과 같은 방향으로, 주께 하듯 하지 않으면 다음에 후회할 때가 있을 것이고, 주님께서 무슨 말씀을 하실지?

잠깐! 제법 많이 모이는 교회의 성도가 우리 교회 목사님은 말씀증거 외에는 모든 것이 훌륭하다고 한다면 그게 과연 성공하고 있는 목회일까? 그렇게 말하는 성도가 있으니까 하는 말이다. 이뿐만 아니라, 목회하다가 스트레스를 받아 우울증에 걸려 자결을 하는 목사도 더러 있다는 것. 일반 직장에 다니다가 고통스러워도 이겨야 되고, 그런 일이 드문데, 교회 일을 하다가 그렇게 되다니 너무 안타깝다.

또 잠깐! 나도 젊었을 때 교회 일을 하다가 스트레스를 받아서 편두통을 앓고, 위에서 열이 나고 해서 한 동안 고통을 겪은 적이 있으니, 지금 와서 회고해 보면 많이 어려서 주님을 바라보고, 주님과 의논 하지 않고, 사람만 바라보았다는 생각이 든다. 그래서 다시 잔소리라 할까, 성숙하기 위한 생활표어라고 이름을 달고 마음을 가다듬어 보려고 한다.

(1) 성령님과 함께 산다

크리스천은 성령으로 거듭난 성령님의 사람이다. 그러니까 성령님과 함께 살아야 한다. 육신은 부모에게서 태어나고 예수님을 믿는 주님의 사람이 된 것은 성령님이 하신 일이다.

잠깐! 내가 예수님을 영접하고, 그러니까 거듭나고 열심히 신앙생활을 한다고 하면서 교회 생활을 하고, 신학교를 다녔으나 한 번도 성령님과 함께 사는 교육을 받아본 적이 없다. 다만 기도하고, 바로 살아라, 믿으라, 성령 충만하도록 기도하라, 이런 정도였다. 그러니까 신학교 학장을 소방대장이라고 부르게 되었을까? 성령님과 함께 사는 법을 모르면 신앙생활이 건조무미하게 될 수 있다. 물론 내가 몰라도 성령께서는 내

개보다 나아야 천국 간다

안에 계신다. 그래서 주님을 믿고 살게 된다. 그러나 성령님이
내 안에 늘 계시는 것을 알고, 기도하고 의논하고 살면 행복해
진다.

> "너희는 너희가 하나님의 성전인 것과 하나님의 성령이 너희 안
> 에 계시는 것을 알지 못하느냐
> 누구든지 하나님의 성전을 더럽히면 하나님이 그 사람을 멸하
> 시리라 하나님의 성전은 거룩하니 너희도 그러하니라"
> (고전3:16, 17)

잠깐! 나도 이 사실을 제대로 모르고 살았던 때가 많았고,
그래서 이 말씀도 열심히 가르치지 못한 것이 죄송할 뿐이다.
오늘날 교회에서도 성령님에 대한 가르침이 거의 없는 실정이
다. 정말로 열심히 가르쳐야 한다. 크리스천에게 성령님은 바
로 생명이다. 육신의 생명은 육신이 건강한 동안 존재하지만,
그 육신 위에 거듭나서 주님을 믿고 새 생명을 얻게 된 것이
성령님의 능력과 은혜이다.

이차 삼차 강조해도 부족한 것은 말씀충만이 곧 성령충만이
다. 크리스천이 무슨 일을 만나더라도 이 때는 이런 말씀으로
이해하고, 해결하고, 저 때는 저런 말씀으로 해결한다. 예수님
이 그렇게 하셨으니 우리도 그렇게 하면 된다. 그렇게 하려고
하면 평소에 말씀을 많이 알고, 기억해야 한다. 방언을 하고
예언을 하면 더욱 더 좋겠으나 그러지 못해도 성령님을 모시

고 성령님과 함께하는 사람은 더 행복하다.

잠깐! 어디에 몇 사람이 모였거나 혹은 많은 사람 앞에서 기도를 하다가 방언기도를 하기도 하는 사람이 있는데 그건 좋은 것이 아니다. 통역이 없으면 자신도 뜻을 모르면서 그렇게 한다는 것은 방언을 할 줄 안다는 자랑인지는 몰라도 덕이 안 된다(고전14:16-19).

구약에 나오는 에녹이 300년간 하나님과 동행을 했다고 하는데 어떻게? 그때는 성령께서 그의 안에 늘 계시는 때도 아니었으니 생각건대 아마 그는 늘 중얼중얼하고 살았을 것 같다. 하나님, 하나님 하면서 또 하나님께 여쭈어보고 그러면 하나님이 대답해 주시고, 아니면 보여 주시고 했을 것 같다. 오늘날 우리는 성경에서 배우고 그대로 살면 된다. 기도하고 대답은 성경에서 얻고, 또 생활 속에서 해결을 받는다. 오늘날은 농경시대도 아니고 삶이 심히 복잡하고 다단한 시대라서 가만히 앉아서, 혹은 단순한 노동이나 하고 살 수가 없는데, 하나님께 기도하고 응답을 기다리고 하는 것보다는 성령님을 모시고 살면서 만나는 일마다 성경 말씀으로 대처해 나가는 것이 오히려 좋다고 본다.

잠깐! 어떤 사람은 매일같이 기도 중에 하늘 나라에도 갔다오기도, 지옥에 갔다오기도 한다고 하고, 지옥에 가서는 유명한 신앙인들이 거기 있는 것도 보았다고 하는데 그러면서도 하늘에 가면 예수님이 직접 환영을 나오셔서 안내를 해 주시기도 한다고 하니, 예수님이 그의 개인비서 쯤 된다는 말인지?

성경을 보면 하나님이 말씀으로 우리에게 계시하신 것 외에는 우리가 한계를 넘어서지 않아야 되는 것을 알 수 있다. 한 부자가 죽어 지옥에 가서 아브라함에게 부탁하기를 나사로를 보내어 땅에 살고 있는 자신의 형제들에게 증거하여, 자신처럼 지옥에 오지 않도록 해 달라고 했을 때, 아브라함은 모세와 선지자들에게 듣지 아니하면 불가능하다고 했다(눅 16:27-31).

땅에서 할 일이 있고, 하늘에서 할 일이 따로 있음을 가르치고 있으며, 또 바울은 기도하는 중에 낙원으로 가게 되어 말할 수 없는 말을 들었으나, 그의 말을 듣고 지나치게 생각할까 두려워 말하지 않는다고 했다(고후12:4-7).

그리고 "… 이는 너희로 하여금 기록된 말씀 밖으로 넘어가지 말라"(고전4:6) 여기서 기록한 말씀이란 고린도서의 말씀이라고 한정하기도 하나 하여튼 중요한 교훈이다. 다시 계시록엔 예언의 말씀을 가감하지 말 것을 강하게 경고하고 있다(계22:18, 19). 이러하다면 아무나 하늘나라에 갔다 왔다, 또 주님의 말씀을 들었다는 말을 할 수 없다는 것 아니냐? 하여튼 성령님의 은사를 받는 것은 성령님이 뜻대로 나눠 주시는 것이어서 다 다른 은사를 가질 수 있는 것이다(고전12:11). 그래서 무슨 은사를 받았다고 해서 자랑할 것도 없고, 못 받았다고 해서 열등의식을 가질 필요도 없다.

"다 사도이겠느냐 다 선지자이겠느냐 다 교사이겠느냐 … 다 통
역하는 자이겠느냐"(고전12:29, 30).

그래서 은사를 받아서 행하는 것도 좋으나 성령님의 사람으
로 사는 자체가 귀하고 복된 것이다. 항상 말씀으로 성령님의
뜻을 헤아려 알고, 살아가며 가장 귀하게 여기고, 사모할 것은
가장 큰 은사인 사랑의 은사인 것이다.

"너희는 더욱 큰 은사를 사모하라 내가 또한 가장 좋은 길을 너
희에게 보이리라"(고전12:31).

그래서 고전 13장에서 사랑을 힘주어 말하고 있다. 특히 이
사랑에 대해서는 일인칭으로 바울 자신을 가지고 설명한다는
것이 매우 인상적이다. 바울은 자신이 아무리 여러 가지 은사
를 받아서 수고하고 죽도록 일을 한다고 해도 사랑이 없으면
아무것도 아니요 또 아무 유익이 없다고 한 것에 유의해야 하
겠다. 한 마디로 성령님의 사람은 사랑의 사람이요, 이 사랑의
사람이 곧 성숙한 사람이요(고전13:11) 이 사랑이야 말로 끝
까지, 영원히 가지고 다닐 재산이라는 것을 말한다. 사랑의 세
계에 들어가면 얼굴과 얼굴을 대하여 본다. 주께서 나를 아신
것같이 온전히 알게 된다고 한 것은 놀랍다. 다윗의 시편도 감
동적이요, 예언적이요, 아가서도 황홀한 주님과의 사랑, 주님
과의 산책을 노래한 귀중한 찬양집이기도 하지만 고전13장의

개보다 나아야 천국 간다

사랑의 시, 사랑가는 과연 천사들도 흠모하고 부르고 싶은 노래일 것이다.

나의 대선배이신 오종덕 목사님은 머슴살이를 하다가 예수님을 영접하고 목사가 되어, 성경공부에 한이 맺혀 성경학교를 세워 후진을 육성하고, 주님께로 갈 때는 학교를 교단에 헌납한 분인데 그 분은 고전13:13을 설명하기를 가마로 신부를 태우고 신랑을 맞으러 간다면 앞에서 매는 사람은 믿음이요, 뒤에서 매는 사람은 소망이요, 타고 가는 신부는 사랑인데 사랑만 영원히 남게 된다고 했다. 그렇다. 예수님을 만나게 되면, 거기서는 믿음을 가지라 소망을 가져라 할 필요가 없다. 그러나 그 세계는 영원한 사랑의 세계인 것이다. 그래서 사랑이 제일이다.

잠깐! 앞에서 오 목사님 이야기를 한 것에, 보다 더 기억에 남는 것은 그는 가난을 이기고 일어선 분인데, 길을 가다가 못하나라도 보면 주워 모아서 돈을 만들었다고 하고, 명절에 들어오는 선물을 모아 두었다가 자녀들에게 싼 값에 팔았다고, 그래서 성경학교를 세웠다.

성령님의 사람이 점령할 고지는 사랑이다. 성령님과 함께 살다가 역시 주님께로 가는 것이 크리스천이다. 성령의 사람으로 성령님과 함께 살면 가정도, 이웃도 교회도 다 평안해진다.

(2) 쉬지 말고 기도한다

기도를 호흡과 같다고 하는 것은 기도란 성령님의 사람으로 주님과 늘 교제하는 일이기 때문이다. 성령님의 사람으로 살면 기도까지 다 포함된 것이지만 기억하기 위하여 다시 말하는 것이다. 기도는 크리스천의 가장 큰 재산이다. 부족한 것, 어려운 것, 괴로운 것, 외로운 것, 무엇이든지 주님께 도움을 청하는 것이 기도다. 기도는 때와 장소를 가리지 않고 할 수 있는 무기다. 언제 어디서나 앉으나 서나 주여! 하면 모든 것이 해결된다.

시편의 모든 내용은 기도요, 찬양이다. 어린이가 엄마를 부르듯 하나님의 자녀들은 항상 기도로 산다. 인생살이가 항상 만족한 것이 아니다. 그래서 더 기도하게 된다. 연약한 인생이기에 기도하게 된다. 세상에서 크리스천은 구별되기 때문에 기도해야 한다. 세상과 같으면 그것으로 만족하여 기도하지 않을 것이다. 시편에서 기도한 내용들을 살펴보고 우리들도 공감하는 부분들을 기억하고 그들과 함께 기도해보자.

"… 아침에 주께서 나의 소리를 들으시리니 아침에 내가 주께 기도하고 바라리이다"(시5:3).

특히 새벽 시간에 하루의 일을 시작하기 전에 기도하고 바라는 것. 특히 한국 사람들의 새벽기도는 세계가 아는 것. 복

개보다 나아야 천국 간다

된 시간이다. 한국교회가 성장하게 된 동력이었다고 보면 옳
을 것이다.

> "여호와 내 하나님이여 나를 생각하사 응답하시고 나의 눈을 밝
> 히소서 두렵건대 내가 사망의 잠을 잘까 하오며
> 두렵건대 나의 원수가 이르기를 내가 그를 이겼다 할까 하오며
> 내가 흔들릴 때에 나의 대적들이 기뻐할까 하나이다"
> (시13:3, 4).

사망의 잠은 정말 무서운 것이다. 세상은 죄악이 관영한 곳
이다. 기도하지 않으면 사망의 잠을 자기 쉽다. 크리스천이 이
렇게 되지는 아니하지만 주의해야 될 것 같다.

> "나를 훈계하신 여호와를 송축할지라 밤마다 내 양심이 나를 교
> 훈하도다"(시16:7).

기도하는 사람은 잠들기 전에 주님을 생각하게 되고 말씀을
기억하고 다짐을 하기도 하고, 꿈에도 주의 일을 하는 꿈을 꾸
게 된다.

> "여호와여 이 세상에 살아 있는 동안 그들의 분깃을 받은 사람들
> 에게서 주의 손으로 나를 구하소서 …
> 나는 의로운 중에 주의 얼굴을 뵈오리니 깰 때에 주의 형상으로

만족하리이다"(시17:14, 15).

다윗은 부귀영화를 다 누리고 살았던 일국의 왕이다. 그래서 이런 기도를 드리기가 쉬웠을까? 아니다. 사람의 욕심은 끝이 없다. 가질수록 더 가질려고 한다. 그러나 믿음으로 의롭게 살다가 부활 때 주님을 뵙게 되는 것으로 만족하겠다는 것, 예수님의 육신의 조상 다윗의 귀한 고백이다. 잠깐! 나도 상급은 바라지 못하지만, 주님을 만난다는 기쁨으로 살다가 오라 하실 때는 즐겁게 가게 해 달라고 기도한다.

"나의 반석이시요 나의 구속자이신 여호와여 내 입의 말과 마음
의 묵상이 주님 앞에 열납되기를 원하나이다"(시19:14).

이것이 바로 성령님의 사람이다. 이것이 바로 쉬지 않고 기도하는 자의 모습이다. 이 말씀은 암송하는 사람이 많을 것이다.

시편 23편은 요10장의 선한 목자이신 주님을 찬양하는 것이다. 이 시편은 예수님은 나의 목자시니로 고쳐서 암송하는 것이 좋다. 구약도 예수님이 목자이신 푸른 초장이요, 신약도 예수님이 양을 치시는 푸른 풀밭이다. 크리스천, 예수님의 양떼는 정말로 행복하다.

잠깐! 나는 유대인들을 집단 학살하는 히틀러의 악랄한 행위를 말해주는 그 영화에서 줄을 서서 가스실로 들어가는 유

대인이 이 시편을 암송하는 모습이 늘 눈에 선하다. 이 세상이 아무리 험악해도 주님의 양은 언제 어디서나 푸른 초장이요, 쉴만한 물가에서 사는 것이다. 주님이 목자 되셔서 함께 하시니까. 이 말씀은 신약의 롬8:28을 잘 설명해 주고 있다.

> "주의 진리로 나를 지도하시고 교훈하소서 주는 내 구원의 하나님이시니 내가 종일 주를 기다리나이다"(시25:5).

앞에 있는 시22:24을 참고하면 좋을 것이다.

> "여호와여 내 젊은 시절의 죄와 허물을 기억하지 마시고 …"(시25:7).

나이 들어서 이런 기도를 드리지 않아도 되는 사람은 정말로 행복하다. 그에게는 상급이 더 많을 것이다.

> "이로 말미암아 모든 경건한 자는 주를 만날 기회를 얻어서 주께 기도할지라 진실로 홍수가 범람할지라도 그에게 미치지 못하리이다"(시32:6).

시32편은 회개의 기도를 장려하는 기도 내용이다. 회개치 아니할 때는 신음하므로 뼈가 쇠하나, 회개하면 이런 은혜가 넘친다는 것이다. 죄를 지어도 잘못에 대한 고통이 없다면 그건 정말 불행한 것이다. 하나님은 하나님의 백성이 회개하기를 기다리고 계시다가 회개하면 기쁘게 받아 주시고 용서

하신다.

잠깐! 나는 수년간 한센병 음성 환자 교회에서 일을 한 적이 있었다. 그 병에 걸리면 그 부분에 감각이 없어져서 뜨거운 것에 덴다 해도 모른다. 그래서 그들은 추위에 얼지 않게 조심하고, 뜨거운 것에도 항상 주의해야 하는 어려움이 있었다. 죄에 대한 감각이 없는 사람, 특히 크리스천이라면 정말로 불쌍한 사람이다. 특히 오늘날은 교회가 죄에 대한 회개를 촉구하는 일이 거의 없고, 징계도 없으니, 자신도 모르게 죄로 몸과 마음이 병들어 얼거나 타기 쉽다.

> "너희는 무지한 말이나 노새 같이 되지 말지어다 그것들은 재갈
> 과 굴레로 단속하지 아니하면 너희에게 가까이 가지 아니하리
> 로다"(시32:9).

죄에 대한 감각이 무딘 자는 결국 무서운 매를 맞고 돌아선다는 것이다.

> "나를 주 앞에서 쫓아내지 마시며 주의 성령을 내게서 거두지 마
> 소서"(시51:11).

다윗이 우리아의 아내 밧세바를 범한 후 나단 선지자가 왔을 때 회개한 기도이다. 다윗은 하나님의 채찍이 심한 경우에는 성령을 거두어 가실 수도 있다는 마음까지 먹게 된다. 그래

개보다 나아야 천국 간다

서 그걸 가장 두려워하는 모양이다.

오늘날 크리스천에게는 오신 성령님이 우리가 주님을 만날 때까지 늘 함께 하신다는 것이 얼마나 귀하고 놀라운 사실인지 모른다. 만약에 성령님이 떠나신다면 당장 예수님을 안 믿을 것이니, 그런 일은 결코 없다. 가끔 그런 일이 있는 것처럼 기록된 곳이 있으나(히6:4-8) 그것은 택하신 백성이 아니고 이단자들이나, 거짓 선지자들이다(마7:22, 23). 크리스천이라도 많은 사람들이 성령님이 항상 함께 하신다는 것을 모르고 있고, 알아도 크게 생각하지 않고 사는 것 같다. 성령님이 함께 하신다는 사실을 모르더라도 믿는다면 그가 크리스천이요, 택자임에는 틀림없으나, 이 귀중한 사실을 꼭 기억하고 항상 그렇게 살아야 복된 삶을 살게 된다.

잠깐! 우리 집에 우리 아버지가 계시는데 내가 이웃에게 말하기를 나는 그런 것을 모른다고 한다면 되겠는가? 크리스천이 이 문제를 중하게 여기지 않다가 범죄하여 성령님을 근심시키게 된다(엡4:30).

> "내가 지존하신 하나님께 부르짖음이여 곧 나를 위하여 모든 것
> 을 이루시는 하나님께로다"(시57:2).

크리스천이 기도하는 이유를 잘 말하고 있다. 곧 모든 것이 합력하여 선을 이룬다고 하는 말씀과 일치한다(롬8:28). 성도가 가끔은 흔들리거나 미지근한 믿음인 경우에 하나님이 내

기도를 들어 주시지 않는다고 생각하는 것은 오해다. 아무 말씀도 안 하시고 계시니, 그런 오해를 하게 되는 것은 이해할 수는 있으나, 결코 모르시는 것이 아니다.

"귀를 지으신 이가 듣지 아니하시랴 눈을 만드신 이가 보지 아니하시랴"(시94:9).

이 부족한 것을 위하여 기도를 들으시고 나의 믿음과 내 생활에 유익이 되도록 인도하시는 하나님이 얼마나 좋으신 분이냐. 이렇게만 생각해야 한다.

"내가 나의 마음에 죄악을 품었더라면 주께서 듣지 아니하시리라"(시66:18).

크리스천과 다른 종교의 신봉자라는 사람들의 기도가 이렇게 다르다. 다른 종교는 기도의 대상이 인격적인 것이 아니어서, 마음에 어떤 계획을 가지고 있어도 그 계획대로 잘 되게 해 달라고 빌기만 하면 되는 줄로 안다. 우상숭배나 기타, 다른 종교는 그 종교인 자신이 주인이요, 숭배 대상자는 자신을 위한 욕구 충족의 도구에 불과하여 그래서 정치를 하다가 적대 세력에 대적을 당하기도 하면 산골로, 어느 우상의 전각에 박혀 재기를 노리기도 한다.

"주를 찬송함과 주께 영광 돌림이 종일토록 내 입에 가득하리이다 늘을 때에 나를 버리지 마시며 내 힘이 쇠약할 때에 나를 떠나지 마소서"(시71:8, 9).

"하나님이여 내가 늘어 백발이 될 때에도 나를 버리지 마시며 내가 주의 힘을 후대에 전하고 주의 능력을 장래의 모든 사람에게 전하기까지 나를 버리지 마소서"(시71:18)

젊은 날에는 이런 기도가 나오지 아니한다. 아직 젊으니까 이 젊음이 장구하리라 여긴다. 그러나 성대도 깨끗하지 못하여 우렁찬 찬송이 나오지 않고 힘이 쇠하여지면 이런 기도가 절로 나오게 된다. 생명의 장단은 하나님께 맡기더라도, 그때까지는 건강하게 살아가는 것이 본인에게나 이웃에게 유익하기 때문에 이런 기도가 나오게 된다.

"하늘에서는 주 외에 누가 내게 있으리요 땅에서는 주 밖에 내가 사모할 이 없나이다"(시73:25).

이런 기도가 나오는 것은 당연하지만, 이런 기도도 사람이 하는 일이 많고 분주할 때는 드리기가 쉽지 않으나, 주변에서 나를 원하는 곳이 줄어들 때 터져 나오게 되어 있다.

"우리의 연수가 칠십이요 강건하면 팔십이라도 그 연수의 자랑은 수고와 슬픔뿐이요 신속히 가니 우리가 날아가나이다"

(시90:10).

모세는 120세까지 살았다. 강건하게. 120년을 지내면서 누리다가 갔다. 그도 지난날을 돌아보면 수고와 슬픔뿐이었다고 한다. 70을 지나고 나면 누구나 이런 회상을 하게 될 것이고 80을 지나면 제법 오래 살았다고 생각하게 될 것이다. 잠깐! 내 나이 80의 고개를 넘어가고 있다. 지난날을 돌아보면서 잠을 이루지 못할 때가 가끔 있으나, 그러한 때 이런 시편을 생각하게 되고, 잠시 동안 이렇게 세월이 많이 흘러간 것에 놀란다. 그리고 죽을 고비를 여러 번 넘기고 여기까지 온 것은 오직 주님의 은혜인 줄 알고, 감사 또 감사 밖에는 없다.

"동이 서에서 먼 것 같이 우리의 죄과를 우리에게서 멀리 옮기셨으며"(시103:12).

예수님이 형제가 범죄할 때 일흔 번씩 일곱 번이라도 용서해 주라고 하신 말씀 그대로 역시 하나님은 우리의 죄를 동이 서에서 먼 것같이 옮기셨다고 한다. 그래도 우리는 하나님 앞에서 잘못한 것 있으면 두고두고 회개를 하게 된다. 그럴 때마다 이 구절을 생각하며 잊어버려야 한다. 하나님이 없애주신 것을 기억할 필요가 없다.

잠깐! 다윗의 시인데 과연 다윗은 그가 지은 죄를 잊어버릴

개보다 나아야 천국 간다

수 있었을까? 역시 성령께서 기록하신 것이니까. 다윗은 우리 아의 아내 밧세바를 자기 아내로 삼고 그것을 숨기려고 우리 아를 죽이기까지 했으니까. 이뿐 아니라 밧세바는 자기 남편 을 죽인 다윗의 품에 안겨서 과연 행복했을까? 물론 범죄 후 처음 낳은 아이는 죽었다. 그러나 솔로몬은 잘 자랐다. 아마도 밧세바는 평생 마음에 참 평안이 없었을 것이다. 불행한 여인 이었다. 왕후라고? 왕후가 행복을 주는 것이 아니다. 그녀는 평생 바늘로 찌르는 침대에서 잤을 것이다(?) 하나님은 다윗 을 용서하셨다고 하더라도.

“인생은 그 날이 풀과 같으며 그 영화가 들의 꽃과 같도다” (시103:15).

부귀영화를 한 몸에 지니고 살았던 다윗의 시다. 신앙인의 솔직한 고백이니, 특히 조그만 벼슬이라도 가진 사람은 유념 할 일이다.

“하늘은 여호와의 하늘이라도 땅은 사람에게 주셨도다” (시115:16).

우주여행이니, 지구 이외의 다른 위성 정복, 이런 이야기를 하지만 여행은 하겠지만, 지구 외에 다른 곳에 가서 살 생각은 하면 할수록 낭비가 될 것이다. 다만 지구 외에 가서 살 수 있는 나라는 예수님이 예비하신 하늘나라뿐이다.

> "여호와께서 내 음성과 내 간구를 들으시므로 내가 그를 사랑하
> 는도다
> 그의 귀를 내게 기울이셨으므로 내가 평생에 기도하리로다"
> (시116:1, 2).

하나님은 항상 우리의 기도를 듣고 계신다. 구하기 전에 있어야 할 것을 아시는 하나님이란 말씀이 떠오른다(마6:8). 있어야 할 것을 아시는 하나님이 왜 기도하라고 하시는가? 아시기 때문에 더 기다리신다는 뜻으로 볼 수도 있다. 자녀들의 살림살이를 잘 알고 있는 아버지가 자식이 무엇을 도와 달라는 말을 듣기를 원하고 기다리는 것과 같은 이치로 생각해보자. 부모가 볼 때 자녀들은 비록 장성했어도 어린 아이처럼 여길 때가 많다. 어른들은 어린애들의 종알거리는 소리는 언제 들어도 싫어하지 않는다.

> "내게 주신 모든 은혜를 내가 여호와께 무엇으로 보답할까"
> (시116:12)

이것도 하나님께 기도하는 하나의 이유가 될 것이다. 부모의 은혜를 기억하는 동안은 부모에게 자주 인사라도 하고 소식을 전하지 않을 수가 없다.

개보다 나아야 천국 간다

잠깐! 과거에 김영삼 대통령은 대통령이 되고 나서도 매일 그의 아버지에게 전화를 했다고 하는 것은 대단한 효도였다. 물론 그의 아버지가 기도를 많이 하는 분이었기에 그런 보답을 받게 되었다고 할 수 있겠으나, 효도란 부모가 훌륭할 때만 하는 게 아니지 않는가?

> "내가 주께 감사하옴은 나를 지으심이 심히 기묘하심이라 주께서 하시는 일이 기이함을 내 영혼이 잘 아나이다"(시139:14).

기도해야 하는 이유가 여기에 또 있다. 사람을 창조하신 것에서부터 만물을 지으신 것은 신기하고 놀라운 것이다. 세포 하나, 핏줄 한 가닥까지가 놀랍도다! 시139편은 하나님의 전능하시고 전지하시는 능력을 그리고 어디든지 존재하심을 찬양하는 시편이다. 그래서 하나님께 기도해야 하고 찬양해야 한다. 특히 16절의 내용은 역시 하나님의 예정을 찬양한다. 다시 한번 더 찬양할 것은 나를 택하시고 벌써 생명록에 기록해 두신 사실이다. 하나님의 예정(선택) 하심을 안 믿는 크리스천은 정말로 미련한 것이다. 믿으면 성경대로 다 믿을 것이지 왜 하나님이 미리 정하신 것이 아니고, 자신이 믿었다고, 믿음을 주신 하나님을 배신하느냐(엡2:8). 이리 봐도 감사, 저리 봐도 감사, 이래도 찬양, 저래도 찬양, 하나님은 감사와 찬양만 받으실 분이다.

"호흡이 있는 자마다 여호와를 찬양할지어다 할렐루야"(시150:6).

이쯤이면 기도해야 할 이유와 찬양해야 할 이유를 더 설명할 필요가 없을 것 같다. 호흡할 수 있을 때 기도해야 한다. 기도는 성도의 호흡과 같다. 호흡이 있을 때 찬양해야 한다. 코로나 때문에 많은 사람들이 괴로워한다. 외롭다. 짜증난다. 온갖 소리를 한다. 그래도 크리스천은 그런 생각을 할 시간이 없다. 감사하고 찬양하면서 살면 행복하다.

(3) 매일 성경을 읽는다

떡으로만 사는 것이 아니라 하나님의 말씀으로 산다(마4:4) 하루 세끼 밥은 꼭 챙기면서 왜? 성경은 안 읽느냐?

"육으로 난 것은 육이요 영으로 난 것은 영이니"(요3:6)

크리스천은 본래 모태에서 난, 육의 사람이 성령으로 거듭나서 성령님의 사람이 되었기에 육신의 지배를 더 많이 받고 산다. 그래서 참 생명의 양식인 성경보다도 밥을 먼저 챙긴다. 그러나 성령으로 거듭난 성령님의 사람으로서 이제는 성경 말씀도 챙겨서 읽어야 한다. 여기서도 다시 한번 더 예수님을 깊이 생각해 보자. 예수님은 40일 금식기도 하신 다음에 사탄이 시험하기를 돌로 떡을 만들라고 해도 말씀으로 반격을 하고. 거절 하셨고, 또 사마리아 여인에게 복음을 전하는 것이 곧 자신의 양식이라고 하셨다(요4:32-34).

예수님도 육을 가지신 분이기에 금식 후에는 배가 고프셨고, 사마리아 여인에게 복음 전하시던 때도 정오였고 피곤하고 시장하신 때 였으나(요4:6) 그것을 극복하시고 복음 전파, 곧 자신을 전하는데 마음을 쏟으신 것. 이 점을 깊이 생각하고 주님을 배워야 한다. 이상하게도 육의 양식은 자주 먹으면 질리지만, 영의 양식인 성경 말씀은 가까이 할수록 진미를 알게 되고, 꿀과 송이 꿀보다 더 달게 된다(시19:10).

잠깐! 나 역시 나이가 들어서 성경을 더 가까이 하게 되니, 말씀의 맛이 더 달고, 깊이 있게 의미를 깨닫게 되어 점점 더 가까이 하게 된다. 이제는 성경이 없으면 못 살 것 같은 심정인 것을 주님도 아신다. 시편을 다윗의 시편이라고 할 정도로 그 내용을 보면 다윗은 말씀 없이는 살맛이 없을 정도로 말씀을 귀중하게 생각하고 있다. 부귀영화를 다 지니고 있는 그가 이렇게 된 것을 생각하고 우리도 본을 봐야 될 것이다.

"주의 말씀은 내 발에 등이요 내 길에 빛이니이다"(시119:105).

사람들이 젊어서부터 나이들면 치매에 걸릴 것을 걱정하는 이 시대에 젊어서부터 성경 말씀을 가까이 하면 그런 걱정은 할 필요가 없다. 앞서 이야기 한 대로 내가 섬기던 교회의 어느 권사가 60대 후반에 계시록 전체를 암송했던 기억은 얼마나 큰 격려가 되는지 모른다. 나도 성경 말씀을 암송하려고 노력하고 있다. 보약 중에도 보약은 신약과 구약이다. 읽어서 암송을 하고, 감사하고, 찬양하고 그렇게 살아서 영이 건강해지면 따라서 마음도, 정신도, 몸도 모두 건강해진다.

에스겔서에 나타난 골짜기에 가득한 마른 뼈들 그것들에게 하나님의 말씀을 대언하여 생기가 그 뼈들에게 들어가라고 하니 생기가 들어가서 그들을 살리니 큰 군대가 되었다고 한다(겔37장). 성경 말씀은 바로 영이요 생명이기에 먹으면 살게 된다.

> "살리는 것은 영이니 육은 무익하니라 내가 너희에게 이른 말은 영이요 생명이라"(요6:63).

(4) 부활에 대한 확신을 훈련한다

잔소리 같으나 가장 귀중한 재산이요, 소망이요, 목표이다. 사람은 이 목표가 아니면 태어나면서부터 죽으러 가고 있고, 죽어가고 있다고 하는 말이 옳을 것이다. 아이가 하나 태어났다고 백일잔치를 하고, 돌잔치를 하고 기뻐할 것이 아무것도 없다. 그 길이 바로 늙어가고 죽으러 가고 있는 것이니까. 그러다가 환갑이라도 지나면 반세기 전만 해도 이제 살만큼 살

개보다 나아야 천국 간다

왔다고 했으나, 이제는 반평생은 넘겼다고, 칠순이 넘어가면 황혼기에 접어들었다고 한다. 성경을 보면 노아 홍수 이전에는 2백, 3백은 소년기요, 오래 산 사람은 8백, 9백을 넘겼다. 그 이후에는 차츰 짧아져서 모세시대에는 "우리의 연수가 칠십이요 강건하면 팔십이라도 그 연수의 자랑은 수고와 슬픔뿐이요 신속히 가니 우리가 날아가나이다"(시90:10).

그러나 예수님께서 돌아가신 후 3일 만에 다시 살아나심으로, 부활의 첫 열매가 되셔서 예수님을 믿는 크리스천은 죽어도 부활한다는 이 소망을 가지고 산다. 그러니까 죽었다가 다시 사는 것이 새로운 시작이 되는 것이니, 늙고 병들어 힘들게 살아가는 것보다 얼마나 좋은지 모른다. 예수님이 다시 오시는 날이 가까울수록 젊고 싱싱한 사람들이라도 죽음을 맛보지 않고 바로 천사처럼 변화를 받아 영생에 들어가겠으나(살전 4:16, 17) 그렇게 되지 않고 죽더라도 다시 살아나 영생에 들어가게 되니, 이 얼마나 큰 기쁨이요 영광인지 모른다.

잠깐! 나는 십여 년을 매주 한 번씩 양로 병원에 가서 거기 여러 부모님들과 함께 기도하고 찬양을 해 왔는데, 수년 간 병상에 누워 있는 분들을 계속 보아왔다. 생명은 하나님께 있으니, 가고 싶다고 가는 것도 아니긴 하나, 그런 모양은 사는 것이 아니고 고생이니, 부활의 확신과 소망이 있다면, 하루라도 속히 가는 것이 얼마나 행복한 것이라는 것을 배우고 또 익혔다.

주님은 크리스천은 죽는 것이 아니라 자는 것이라고 하셨다(요11:11) 이걸 이렇게 표현할 수밖에 없다는 게 심히 아쉽지만 얼마나 대단한 것인지 모른다. 사람이 숨을 거두게 되면 가족은 죽었다고, 이제 다시 볼 수 없다고, 울기도 하고, 분주하게 장례식 절차를 행하게 되지만, 본인은 그냥 잠들 듯이 하여, 그의 영은 하늘나라 주님께로 가서 즐겁게 지나다가 주님이 재림하실 때 주님과 함께 와서 잠든 몸과 합하여 새로운 몸, 곧 천사처럼 되어 하늘나라로 가게 되니, 본인에게는 죽는다는 것도 그냥 잠드는 것과 같을 것이다(살전4:13-17).

> "만일 그리스도 안에서 우리가 바라는 것이 다만 이 세상의 삶뿐
> 이면 모든 사람 가운데 우리가 더욱 불쌍한 자이러라"
> (고전15:19).

바울이 오죽하면 이렇게까지 말을 했으랴. 돈도 명예도 모든 것 다 버리고 오직 복음만을 위하여 살았던 바울, 그러면서도 죽을 고비를 몇 번이나 넘고 마지막에는 끓는 피를 주님께 바치고 갔으니, 더 무슨 말이 필요하겠느냐는 것이다. 부활에 대한 열망이 식어지지 않게 고전 15장을 자주 읽고 기타 요11장, 살전 4장을 열심히 읽어 부활에 대한 확신을 확고하게 하는 훈련을 하는 것이 좋다.

(5) 복음에 빚진 자인 것을 알자

"헬라인이나 야만인이나 지혜 있는 자나 어리석은 자에게 다 내
가 빚진 자라"(롬1:14).

어찌 바울뿐이겠는가. 복음 전하려고 온 세계로 나가서 고
생하는 전도자들뿐이겠는가. 목회자들뿐이겠는가? 잠깐! 나는
어느 때 아주 몇 명만 모이는 작은 교회에 나간 적이 있는데,
그 때 그곳 목회자가 박사 가운을 입고 말씀을 증거 하면서 성
도들에게 양이 새끼를 치는 것이지 목자가 새끼를 치느냐고
하면서 성도들에게 복음을 전하라고 하는 말을 들었다. 틀린
말은 아니라도 적합한 말은 아니었다. 지난 한 평생을 돌아보
니 열심히 복음을 전하지 못한 것이 항상 부끄럽고 죄송한 것
밖에 없다. 복음도 젊은 시절에 젊은 사람들에게 전해야지 나
이 들면 전하기도 힘들고, 복음을 받는 사람도 젊어야 이해를
하지, 굳어질 대로 굳어진 인간성은 잘 들으려 하지 않는다.
천하보다 귀한 생명이 구원 받게 된 것 무엇으로 보답하겠는
가? 복음에 빚진 자는 역시 사랑에도 빚진 자다. 갚을 수 없는
은혜, 어디 비교할 수 없는 사랑, 그래도 최선을 다하여 갚으
려고 애를 써야 할 것이다.

바울은 죄인 중에 괴수인 자신을 구원하신 하나님을 생각하
면서 많은 사람이 주께로 돌아오게 될 것이라고 한다. 즉, 나
같은 죄인도 참고 구원하신 것을 보고, 많은 사람이 주님을 믿

게 된다고 한다. 바로 자신이 죄인들이 예수님을 믿도록 격려하는 격이 되었다는 것이다(딤전1:15, 16). 그래서 바울은 복음을 부끄러워하지 않고 열심히 전했다(롬1:16).

잠깐! 만약에 예수님과 동시에 십자가에 달렸던 강도 중 하나를 그 자리에서 풀어놓아 살려주셨더라면 그가 복음을 어떤 마음으로 전하겠는가? 예수님은 실로 강도 바라바 대신에 십자가를 지신 결과가 되었는데, 그 바라바는 예수님을 반드시 믿고 생명을 걸고 복음을 전해야 될 것 같은데 어찌 되었는지는? 바울은 과연 죽어 마땅한 자신을 구원하신 주님을 위해 죽도록 충성을 했다. 우리들도 바울과 같은 마음으로 복음을 전해야 할 것이다. 주님의 십자가는 그 누구를 위한 십자가가 아니요, 바로 나를 위한 것이다.

(6) 세월을 아껴야 한다

"세월을 아끼라 때가 악하니라"(엡5:16).

여기서 아낀다는 뜻은 세월 속에서, 곧 많은 시간 속에서, 쓸모없는 시간 속에서 '시간을 구속해 내어, 금싸라기 같은 그 시간을 잘 사용하라는 것이다. 정말로 쓸모없는 사람들 중에서 나를 빼내어 구원해 주신 주님을 생각하면, 내가 사용하는 시간도 귀중하게 여겨야 한다.

잠깐! 나 자신을 돌아보면 시간을 아끼지 못한 것이 너무 안타까워 땅을 치고 싶다. 얼마나 시간이 빨리 흘러가는지, 세상에서는 시간은 돈이란 말을 하지만, 난 그런 의미는 전혀 아니고, 정말로 주님을 위하여 사용하지 못한 시간이 아깝다는 말이다. 이제는 아낄 시간도 없다. 그 누구의 계산인지? 일생을 살면서 시간을 사용한 내역을 보면 이러하다. 잠자는 시간 25년, 식사 7년, 커피타임 1년 반, 목욕 3년, 화장실 1년 반, 차 타는데 4년, 친구와 노는데 2년, 신호등에 걸려 6개월, 광고, 우편물 보는데 6개월, 무엇을 찾는다고 1년 반, TV보는데 4년, 여기서 직장 혹은 사업하는 시간을 잠자는 시간과 같다고 보면 일생이 75년이 된다.

사람마다 사용하는 시간이 조금씩 다를 수가 있다. 혹은 독서를 하거나, 운동을 하거나, 예배를 드리거나, 기도를 할 수가 있다. 예배나, 기도나, 독서나, 글을 쓴다거나 하는 시간은 그 중에서 보다 가치가 있는 시간이니까, 다른 시간에서 또 뽑아내어 사용해야 할 것 같다. 하여튼 일생 중에 가치 있게 쓸 수 있는 시간이 거의 다 지나가고 있으니 허무하다. 특히 인생의 황혼기에 들어서게 되면 세월이 너무 빨리 가는 느낌이 든다. 시간을 잘 배분을 해서 지혜롭게 사용하지 않으면 황혼기에 후회가 더욱 더 심할 것이다. 모세의 기도에서 좀 더 생각하고 배워보자.

"주의 목전에는 천 년이 지나간 어제 같으며 밤의 한 순간 같을 뿐임이니이다"(시90:4).

그렇다 하루하루가 얼마나 빨리 가는지 세월이 물 흐르듯 흐른다거나, 화살처럼 날아간다고 하는 것을 살아가면서 실감하게 된다.

"주께서 그들을 홍수처럼 쓸어가시나이다 그들은 잠깐 자는 것
같으며 아침에 돋는 풀 같으니이다
풀은 아침에 꽃이 피어 자라다가 저녁에는 시들어 마르나이
다"(시90:5, 6).

하루살이 풀과 같은 것이 인생이요, 초로인생이라고, 그러니까 아침에 풀잎에 맺혀있는 이슬과 같다고도 한다. 해가 돋으면 말라버리는 것이다.

"우리에게 우리 날 계수함을 가르치사 지혜로운 마음을 얻게 하
소서"(시90:12).

바로 이것이다. 세월이 빨리 간다는 것을 알고 시간을 아껴 써야 한다는 것. 정말 인생이 이생뿐이라면 너무 야속하고 무정하다. 그래서 주께서 인생의 죄를 대속해 주시고 부활하여 영생할 수 있게 해 주셨다. 살 준비만 하고, 살지는 아니하는 것이 인생이라고 하는 말대로 그러다가 간다. 정말로 인생 허

개보다 나아야 천국 간다

비하지 말아야 한다. 특히 예수님을 모르는 사람들은 한시 바쁘 주님을 영접해야 하고, 이미 주님을 모시고 사는 사람들은 그 시간을 주님을 위해 쓸 줄을 알아야 한다. 하나님이 본래 영원히 살도록 사람을 지으셨다. 그러나 아담이 타락한 후에는 영생할 수 없게 되었으나, 이 영원을 사모하는 마음은 가지고 있다(전3: 11). 그래서 얼마 후에 갈 사람도 오래오래 살기라도 할 것처럼 생각을 하고 살기 때문에 세월을 아끼지 못하는 점이 있을 수 있다. 그래서 항상 이 땅 위에서 살 준비만 하다가 어느 날은 가고 만다. 그러나 크리스천은 안다. 지금 살아 있는 몸으로는 영원히 살지 못한다는 사실을, 그래서 영원히 살 준비를 해야 한다. 준비는 물론 주님께서 해 주신 곳에 가기만 하면 되지만, 영원히 함께할 친구들을 많이 만드는 것이다.

"지혜 있는 자는 궁창의 빛과 같이 빛날 것이요 많은 사람을 옳은 데로 돌아오게 한 자는 별과 같이 영원토록 빛나리라"(단12:3).

소금이 되라 빛이 되라는 말씀(마5:13-16) 도 시간을 잘 쓰는 방법이다. 맛을 잃은 소금이란 시간을 허비하는 데서 온다. 사람이 많은 시간을 허비하면 그 인생 어디에 쓰겠는가? 아무 가치가 없다. 젊은 날에는 직장 생활, 기타 활동하는 무대가 있으나 나이 들어서는 아무 하는 일 없이 시간만 보내는 사람이 얼마나 많은가?

잠깐! 어떤 친구는 젊을 때 어느 신학교를 졸업하기도 했으나, 책장에는 신학서적을 가득 꽂아 놓고 성경도 안 읽고, 매일 TV나 보고 앉아 있다고 하면 그것 허무한 것 아닌가? 예수님이 말씀하신 소금의 맛이란 짠 맛이 아니다. 세상에는 살맛이 필요하다. 자신부터 살맛이 나야 세상에 살맛을 줄 수 있다. 시간을 보내기 위한 삶이란 정말 맛이 없는 것이다. 진짜 살맛은 복음인데 이 복음을 전해서 생명을 얻게 되면 살맛이 나게 된다.

빛이란 얼굴에서부터 빛이 나야 한다. 웃음만으로도 빛이 될 수 있다. 이 우울한 세상에 웃음이라도 선사하자.

"너희 착한 행실을 보고 하늘에 계신 너희 아버지께 영광을 돌리게 하라"(마5:16).

오늘은 무엇을 하고 시간을 보낼꼬? 하는 사람이면 벌써 어두운 그늘이 드리워진 모양이다. 우울증, 고독 이런 나쁜 현상은 모두 시간 관리를 잘못하는 데서 온다. 빛이란 바로 생명의 빛 예수님이시다(요1:9). 크리스천의 생활 중에 예수님을 보여 줄 수 있어야 하는 것이다. 시간을 잘 사용하지 못해 태만하거나, 할 일 없이 시간만 보내는 모양이어서는 빛이 될 수 없다.

잠깐! 한국에서 소설「잉여인간」이란 것이 있었다. 정말 하릴 없이 그냥 다방에 가서 어정거리는 주인공이었다는 것을 기억한다. 이 세상 거리에 나가 보면 잉여인간이 넘친다. 그래도 먹고 살 수 있는 나라가 미국이다. 크리스천은 천로역정의

개보다 나아야 천국 간다

내용처럼 하늘로 가는 나그네와 행인이다(벧전2:11) 한 시간
한 시간을 잘 사용하여 후회함이 없도록 해야 한다.

> 평생에 행한 일 돌아보니
> 못다한 일 많아 부끄럽네
> 아버지 사랑이 날 용납하시고
> 생명의 면류관 주시리라

(7) 건강을 챙기자

크리스천은 성령으로 거듭난 성령님의 사람이라서 영적으
로 사는 영역을 먼저 챙기느라고 마지막에 넣었으나 7가지 중
어느 것도 앞서거니 뒤서거니 할 일이 아니고 다 함께 같이 가
야 하는 것들이다. 성도가 천사들처럼 완전히 영적인 존재가
아니기 때문에 육신도 중요한 것이다.

> "너희는 너희가 하나님의 성전인 것과 하나님의 성령이 너희 안
> 에 계시는 것을 알지 못하느냐"(고전3:16).

잠깐! 어느 신앙이 강한 분이 육신의 모진 병으로 고생하다
가 회복이 되어서 하는 말 "병든 몸은 영혼의 감옥이라도 건
강한 몸은 영혼의 궁궐이다"고 한 것이 감명 깊다. 여기서 우

리 안에서 역사하시는 성령님에 대해서 좀 더 알아보고 지나가야 되겠다. 성도들의 몸 안에 존재하는 영적인 존재는 영, 혼, 생명, 마음, 정신 등으로 이야기 한다. 이 중에서 성령님과 교제하는 것은 우리의 영인데(고전14:14) 이 영이 혼, 정신, 마음 등을 총괄 지도 한다고 보면 옳을 것이다. 그러나 영과 혼과 육신으로 구성되어 있다고 보기도 한다(살전5:23, 히4:12) 우리의 영은 성령님과 교제하는 일을 하고(고전14:14) 기타 혼, 정신, 마음 등은 우리 육신의 사람을 주장하는 일을 한다고 보면 옳다.

"육에 속한 사람은 하나님의 성령의 일들을 받지 아니 하나니"
(고전2:14)

분명히 가르쳐 주고 있다. 여기서 육에 속한 사람은 원어로 혼의 사람이다. 확실한 것은 예수님도 자신을 주관하는 것은 영이라고 하셨다.

"예수께서 다시 크게 소리 지르시고 영이 떠나시니라"(마27:50).

"예수께서 큰 소리로 불러 이르시되 아버지 내 영을 아버지 손에 부탁하나이다 하고 이 말씀을 하신 후 숨지시니라"(눅23:46).

"예수께서 신 포도주를 받으신 후에 이르시되 다 이루었다 하시고 머리를 숙이니 영이 떠나가시니라"(요19:30).

개보다 나아야 천국 간다

여기서 예수님의 영은 우리 일반 사람들의 영과 같은 것이고 성령님은 아니다. 그리고 여기 우리 성경 영혼은 성경원어로 영이다. 그러니까 예수님과 함께 하신 성령께서도 예수님의 영에 계셨던 것이요, 주님의 몸이 돌아가시는 때는 그 영은 하나님께로 가는 것이었고, 우리들도 몸이 잠들게(죽게) 되면 우리의 영은 하늘나라 하나님께로 가게 된다. 그래서 "오늘 네가 나와 함께 낙원에 있으리라" 하신 것은(눅23:43) 역시 예수님도, 한 강도도 영으로 천국에 가시게 되고, 가게 된다는 것이다. 참고로 성도가 잠들(죽을) 때도 영이 하나님께로 가서 있다가, 예수님이 재림하실 때 주님과 함께 와서 육신을 부활시켜 공중에서 주를 만나게 된다(골3:4, 살전3:13, 4:14-17).

잠깐! 주님을 만날 것을 생각하니 덩실덩실 춤을 추고 싶어진다. 성도의 몸이 중요한 이유를 설명하게 되었다. 또 다시 몸이 복되다는 것을 알아보자. 성령님을 모시고 사는 우리 몸에는 아담으로부터 물려받은 죄는 있으나 마귀는 들어오지 못한다.

크리스천이라도 속는 것은 우리가 지닌 죄성이 악하여 마치 마귀가 들어와서 활동을 하는 것으로 오해하기가 쉬워서 유명한 부흥사들까지도 성도 안에 마귀가 들락날락 한다고 한다.

"자녀들아 너희는 하나님께 속하였고 또 그들을 이기었나니 이는 너희 안에 계신 이가 세상에 있는 자보다 크심이라"(요일4:4).

245

"하나님께로부터 난 자는 다 범죄하지 아니하는 줄을 우리가 아
노라 하나님께로부터 나신 자가 그를 지키시매 악한 자가 그를
만지지도 못하느니라"(요일5:18).

여기서 범죄하지 않는다고 한 것은 죽을 죄요, 또 그 외의
죄도 계속해서 짓지 아니한다는 것이요, 악한 자 곧 마귀가 만
지지도 못한다고 한다. 그러면 거듭난 성도가 죽을 죄, 곧 예
수님을 부인하거나 성령님을 거역하는 죄는 짓지 아니해도,
또 다른 사소한 죄라도 가끔 지을 수 있는 것은 왜냐? 성도 밖
에서 마귀가 오감을 통하여 유혹하는 것에 넘어진다는 것이
고, 마귀가 성도 안에는 들어오지 못한다는 뜻이다. 아담은 우
리와 달리 죄가 없었으나 유혹되어 범죄하였다고 하면 우리는
죄가 있기에 유혹되기가 아주 쉬운 것이다(롬7:20).

그럼 또 문제가 되는 것이 있다 뭐냐? 예수님이 베드로 더
러 하신 말씀 "사탄아 내 뒤로 물러가라"(마16:23) 이다. 베드로가 바
로 사탄이라고 하셨는데, 성도 안에 마귀가 못 들어오다니? 이
말씀을 신중하게 생각해야 한다. 조금 전에 마16:16-19에 베
드로의 신앙고백을 들으시고 크게 칭찬과 축복을 하시고, 천
국 열쇠를 주시기까지, 물론 여기서 열쇠는 청지기 사명이요,
교회가 행할 권징이지만, 이렇게 사명을 주셨는데 사탄? 이것
은 베드로의 행위가, 그 언행이 사탄의 행위라는 것이다. 사탄 같으면
그가 다시 회개를 하고 주의 종이 될 수가 없었을 것이다. 사
탄이 언제 회개를 했던가?

개보다 나아야 천국 간다

다시 처음으로 돌아가서 우리 몸은 성령께서 계시는 성전이기에 중하게 여기고 죄의 도구가 되어서는 안 된다.

> "누구든지 하나님의 성전을 더럽히면 하나님이 그 사람을 멸하시리라 하나님의 성전은 거룩하니 너희도 그러하니라"
> (고전3:17).

앞에서 하나님의 성령께서는 우리의 영과 교제하신다고 하고, 또 우리 안에 계신다고까지 했으니 넓게는 우리 몸 자체가 성전이다.

> "그 날에는 내가 아버지 안에, 너희가 내 안에, 내가 너희 안에 있는 것을 너희가 알리라"(요14:20)

크리스천의 몸은 이래서 귀중한 것이다. 그래서 단순히 건강하게 산다. 혹은 건강하여 장수한다는 것이 아닌 귀중한 몸이기에 잘 챙겨야 한다. 지금까지 자세히 설명했거니와 우리 육신은 단순히 고기 덩이가 아니기에, 우선 성령님과 함께 잘 살아서 성령님의 열매를 맺으면 건강은 따라오게 마련이다. 그 밖에 운동이나 음식을 잘 챙기는 것은 모두 너무나 잘 알고 있으니 말할 필요조차 없겠으나 요약해서 말하면 야생동물들처럼 살라고 권하고 싶다.

야생동물은 죄가 없으니 걱정, 근심, 괴롬이 없고 그냥 즐기면서 산다. 운동을 마음대로 하고 먹이도 대부분이 초식이니

병들 이유가 없다. 호랑이나 사자 같은 육식 동물보다 초식 동물이 오래 건강하게 사는 것을 보면 신기하다. 만약에 육식 동물이 오래 산다면 다른 동물은 발 붙일 곳이 없고 그들만의 세상이 될 것인데 반대로 그들은 장수하지 못한다. 잠깐! 나도 채식주의자는 물론 아니다.

바다에서 사는 거북이는 200년을 산다고 배웠다. 그것들은 마음대로 수영을 하고 해초 아니면 물고기를 먹을 것이다. 사람들이 만든 가공식품은 인간의 구미에 맞게 만들었으므로 입을 즐겁게 하는 것이 건강에는 반드시 좋을 것이라고 할 수 없을 것이다. 크리스천이 건강하게 살아야 하는 이유는 누구의 말처럼 건강하지 못하면 영혼의 감옥에서 살게 된다. 그래서 아무 것도 할 수 없다. 이렇게 말하면 양 팔 양 다리가 없이 태어난 닉 부이치치란 사람이 생각나는데 그도 몸의 남은 부위만이라도 건강하니까 "나도 사는데" 하면서 세계로 다니면서 복음을 전하고 있다.

성도는 땅위에 사는 동안은 이웃에게 도움을 받기보다는 도움을 주는 사람으로 살아야 한다. 그러려면 몸이 건강해야 한다. 그래서 세상에서 말하는 대로 건전한 정신은 건강한 몸에 깃든다는 말이 옳은 것은 사실이다. 몸이 건강하지 못하면 매사에 소극적이고 부정적이기 쉽다. 그래서 몸이 건강할 때 건강에 신경을 써야 한다.

앞에서 언급했거니와 성령님의 사람으로 살아서 마음이나 정신적인 상처가 없어야 한다. 거의 모든 육신의 질병은 그 원인이 마음에서 온다고들 한다. 그렇다. 아담이 범죄하지 않았더라면 사람에게 죄가 없을 것이요, 죄가 없으면 사람의 마음에, 정신에 온갖 부담되는 일이 없을 것이다. 크리스천이 아니라도 마음을 편하게 가지고 사는 사람은 건강하게 장수하는 것을 보게 된다. 이것을 우리는 타고난 성격, 곧 천성이라고 한다. 그러나 이런 성품은 드물게 있는 것이요, 크리스천은 그런 것을 본받으려 할 필요가 없이 성령님의 뜻대로만 살면 더 평안히 살 수가 있다. 여기에 몇 가지를 소개하고자 한다.

"욕심이 잉태한즉 죄를 낳고 죄가 장성한즉 사망을 낳느니라"
(약1:15)

이보다 앞서 "오직 각 사람이 시험을 받는 것은 자기 욕심에 끌려 미혹됨이니"(약1:14)

마귀가 우리 안에 들어와서 우리를 끌고 가는 것이 아니라. 우리 안에 있는 욕심에 끌려서 죄를 범하게 되고, 죄는 결국 사망에 이르게 한다는 것, 여기서 사망도 육신의 사망이 아니라 영적 사망인데, 이것은 육신의 사망으로 끌고 갈 수도 있다. 한 마디로 성도는 과욕을 버려야 한다. 욕심이 심하다 보면 그것을 성취하려고 소위 꼼수를 쓰게 되고 죄를 범하게 된다.

"돈을 사랑함이 일만 악의 뿌리가 되나니 이것을 탐내는 자들은

미혹을 받아 믿음에서 떠나 많은 근심으로써 자기를 찔렀도
다"(딤전6:10).

언젠가 어떤 책을 보니 돈을 사랑해야 돈을 가지게 된다고
하고, 밤낮 돈을 사랑하고, 생각하고, 가지려고 애를 쓰라고
했던 것을 기억한다. 하나님이 없다고 생각하는 사람들은 그
렇게 사는지도 모른다. 또 그렇게 해서 돈을 버는 것인지도
모른다.

잠깐! 미국의 목회자들 중에는 억만 장자가 여럿이 있는데,
이들은 담력이 세어서(?) 거액을 가지고도 성령 충만하여 많
은 사람을 모으고, 이런 말씀이 거리낌이 안 되는지 몰라도,
심령이 가난한 자는(마5:3) 그렇게 할 수가 없다. 미국의 어느
유명 목사는 정장도 안하고 강단에서 말씀을 전하고 해서 검
소하게 사는가보다 하고 친밀감이 들었으나, 그도 그렇게 거
부였다. 그렇게 살면서 그렇게 우렁차게 외칠 수 있다는 것,
그게 성령의 능력일까? 아니면 배짱일까?

> "너희 금과 은은 녹이 슬었으니 이 녹이 너희에게 증거가 되며
> 불 같이 너희 살을 먹으리라 너희가 말세에 재물을 쌓았도다 ....
> 너희가 땅에서 사치하고 방종하여 살육의 날에 너희 마음을 살
> 찌게 하였도다"(약5:3-5)

한국에 있는 세계에서 제일 큰 교회에서도 3박자 축복을 가

개보다 나아야 천국 간다

르쳐서 성도들은 복 받으려고 코 묻은 돈도 열심히 바치게 되었고, 결과 목회자 가정도 부자가 되었다(요한3서1:2 참고).

> "낙타가 바늘귀로 들어가는 것이 부자가 하나님의 나라에 들어가는 것보다 쉬우니라"(마19:24).

> "항상 기뻐하라 쉬지 말고 기도하라 범사에 감사하라 이것이 그리스도 예수 안에서 너희를 향하신 하나님의 뜻이니라"(살전 5:16-18).

이것이 바로 성령님의 사람의 모범이다. 그리스도 예수 안에서 곧 그리스도 예수를 믿는 사람들을 향하여 하나님이 기대하시는 바라는 것이다. 크리스천은 이렇게 살아야 행복해진다는 말씀이다.

기뻐할 이유가 있다

마땅히 지옥에 가야 할 것이 구원 받아 영광의 하늘나라에 계신 예수님께로 가게 되었으니. 내가 누구보다 착해서도 아니요, 무슨 뛰어난 재주가 있어서도 아니요, 하나님을 위해 무슨 일을 한 것 때문에도 아니다.

잠깐! 난 고등학교를 졸업하고 예수님을 영접하였다. 아버지는 유교식으로 사셨고, 어머니는 사월초파일이면, 곧 음력 4

월 8일이면 절간을 찾아서 사람의 손으로 만든 우상(부처)에게 정성으로 절을 했고, 때로는 자식들 잘 되라고 무당을 불러서 푸닥거리도 했다. 집안을 보나 자신을 보나 아무 공로 없이 죄만 짓고 살다가 예수님을 영접하게 되었다.

지옥과 천당, 말로하면 그냥 그러려니 하지만 이것 대단히 차이가 크다. 진실로 알면 매일 미친 듯이 기뻐 뛰어도 그 기쁨을 다 표현할 수 없을 것이다. 잠깐만 더! 미국 LA 거리에서 예수 천당이라고 쓴 판자를 들고 다니면서 복음을 전하던 어느 목사님이 나이가 많았으나 끝까지 그 일을 하다가 주께로 가고 그 뒤에도 어느 목사님이 십자가를 만들어 지고 다니면서 예수 천당 불신 지옥이라고 새긴 옷을 입고 복음을 전하다가 한국으로 갔다. 예수 천당의 의미를 모르는 사람들은 어디 좀 미친 사람으로 볼 수도 있다. 사람들이 예수님의 제자 바울을 보고 미친 사람이라고 했으니(고후5:13, 행26:24) 충분히 그럴 수가 있고, 예수님을 생각하고, 내가 누구인가를 생각하면 그 기쁨에 미친 듯이 살 수밖에 없다.

누구나 처음 예수님을 영접한 때는 미친 듯이 기뻐하며 살다가, 차츰 식어져서 에베소 교회처럼 처음 사랑을 잃어버리기가 쉽다(계2:4, 5). 다시 회복하여 기쁨으로 살아야 한다. 이렇게 기쁨으로 살면 마음은 물론 육신도 건강해 진다. 기쁨을 상실하는 가장 큰 원인은 범죄 행위다. 크리스천은 죄를 범하면 기쁨이 없어진다. 왜 성령님이 근심하시니까(엡4:30).

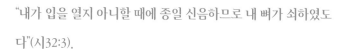

"내가 입을 열지 아니할 때에 종일 신음하므로 내 뼈가 쇠하였도
다"(시32:3).
항상 성령님의 인도하심을 따라 말씀으로 살고 기도하고 범죄
치 않도록 세상에 물들지 않도록 해야 한다(롬12:2).

쉬지 말고 기도하라

기도는 성도에게는 호흡과 같은 것. 앉으나 서나 기도, 길을
가다가도, 일을 하면서도 기도, 잠들기 전에는 언제 어디서나
기도를 할 수가 있다.

기뻐하는 것, 기도하는 것, 감사하는 것, 이들은 언제나 함께
일하는 동역자들이요, 절친한 친구들이다. 어느 것 하나라도
등한히 하면 다 무너지고 만다. 그런데 셋 중에 가장 중요한
것이 기도다. 기도가 있으면 다른 것들은 따라 다니지만 기도
가 없으면 다른 것은 절름발이가 된다. 구하기 전에 있어야 할
것을 아시는 하나님께 왜? 기도해야 하느냐? (마6:8) 인간 부
모도 자녀가 있어야 할 것을 안다. 하물며 하나님 아버지께서
모르시겠는가? 사람 같으면 혼자 해결해 보려는 독립적인 의
지가 강하다고 칭찬을 할 수도 있고, 아니면 부질없는 자존심
때문에 도움을 청하지 않는다고 할 수가 있다.

하나님 아버지께서는 기도하는 것이 당연하다고 보실 것이
다. 인간의 체질을 하시기 때문에, 인간이 해결할 수 있는 것
은 한 가지도 없기 때문이다.

공중에 나는 새, 들에 핀 백합화를 먹이시고 입히시듯 인간이 사는 모든 환경은 하나님의 손에 있기 때문이다(마6:26-32). 그래서 먼저는 하나님과의 관계가 중요하다. "먼저 그의 나라와 그의 의"(마6:33) 믿음으로 예수님 안에서 살기 위한 기도가 중요하다. 주 안에 살면 아무것도 염려할게 없다. 다 잘 되게 되어 있다.

> "너희가 내 안에 거하고 내 말이 너희 안에 거하면 무엇이든지
> 원하는 대로 구하라 그리하면 이루리라"(요15:7).

다음에는 아시기 때문에 진실하게 구해야 한다. 이 사람에게 분명히 필요한 것은 주님을 의지하는 믿음인데, 그것보다도 다른 문제나 사건에 집착하여 잘 되기를 바라고 구한다면 하나님이 어떻게 생각하실까?

잠깐! 염불에는 마음이 없고 젯밥에 있다고 한다. 교회에서도 정작 필요한 것은 크리스천이 주 안에 사는 것, 성령님의 사람으로 사는 것인데 물질에 대한 복, 세상적인 성공을 구한다면 이것 순서가 어긋난 것이다. 교회에서 1천번제라는 이름으로 1천번 새벽기도 때마다 헌금하는 것, 하나님도 과연 성도의 손을 주시하실까?(참고 롬12:1,2)

하나님은 간절히 기도하는 것을 원하신다. 한 과부가 불의한 재판관에게 간절히 탄원한 것을 예를 들어 말씀하신 것을 보면 반드시 해결해야 할 문제는 간절히 기도해야 할 것이다

개보다 나아야 천국 간다

(눅18:1-8). 부모가 어린이의 칭얼대는 것을 싫어하지 않는 것처럼, 하나님이 보실 때 성도는 어리다. 칭얼거린다고 해도, 보챈다 해도 싫어하시지 않는다. 야고보는 엘리야의 기도를 예를 들었다. 비가 오기도, 안 오기도 한 기적이 일어난 기도, 인간이 상상할 수도 없는 일이 엘리야의 간절한 기도응답이었으니, 우리도 기도하면 된다고 했다(약5:17-18). 기도해서 손해 볼 일이 없으니, 숨 쉬듯 기도할 것이다.

한국 교회는 새벽기도로 부흥의 불을 지피게 되었다고 봐도 될 것이다. 세계 어느 나라에서도 찾아볼 수 없는 새벽기도는 한국 교회의 좋은 재산이다. 기도는 내 힘으로 할 수 없는 것을 하나님이 하시도록 하는 동력이다. 사람이 할 수 있는 한계가 있다. 오늘날 인간이 일으킨 과학의 발달은 대단하다. 날이 갈수록 다르게 발전하고 있다. 그러나 할 수 없는 것은 복음의 불길이다. 한반도에 민주통일이 이루어지는 날 제일 먼저 꽃이 피어날 것은 북한의 복음의 꽃이다. 지금은 지하에서 숨을 죽이고 있으나 그 날에는 남한보다 몇 배나 크게 활짝 피어날 것이다. 기도, 기도의 힘은 크다.

범사에 감사하라

기도하는 사람에게서 먼저 나오는 기도는 감사다. 감사는 기도의 열쇠요, 기도는 감사의 동력이다. 감사가 없는 기도는 불평이 되기 쉽고, 감사가 없는 기도는 탄식이 되기 쉽다. 우상 숭배자의 기도에는 감사가 없고, 샤머니즘에서도 역시 감사가 없고, 두려움에서 화를 면하게 해 달라는 소원이다.

그러나 성도의 기도에는 감사가 넘치는 것이다. 왜? 감사할 이유가 차고 넘치기 때문이다. 주님의 십자가를 생각하면 감사할 것 밖에 없다. 죄 많은 인간을 구원하시고 지금까지 살아오게 하신 주님, 걸음마다, 자국마다 감사가 담겨 있고, 하는 일마다 때마다 감사할 것 밖에 없다. 세상에서도 성도의 생활에서 어느덧 배워서 감사란 말을 많이 쓰는데, 감사의 대상도 없이 무엇이 잘 되니까 감사하다. 건강하니까 감사하다. 사업이 잘 되니까 감사하다. 이렇게 감사를 한다. 이것은 오직 자신의 욕심대로 될 때만 감사하는 것이고, 그 사건에 대한 감사이니, 이런 것은 아무 의미가 없다.

잠깐! 그 누구가 중병에 걸려서 고생하고 있을 때, 어느 누가 매일 매일 주님께 감사할 제목들을 자꾸 쉬지 말고 적어보라고 해서 몇 달을 그렇게 하고 병원에 가서 검사를 받아보니 상당한 부분이 회복이 되었다고 해서, 계속 그렇게 했더니 완전히 건강이 회복되었다는 이야기. 이야기가 아니고 사실.

주 안에 있는 성도는 감사할 것 밖에 없다. 손해 본 것이 아무것도 없기 때문이다. 가진 것을 다 잃어버린다고 해도 결국 갈 수 있는 곳은 예수님 만나러 가는 길이다.

"내가 모태에서 알몸으로 나왔사온즉 또한 알몸이 그리로 돌아가올지라 주신 이도 여호와시오 거두신 이도 여호와시오니 여

호와의 이름이 찬송을 받으실지니이다"(욥1:21).

이 사실은 욥에게 뿐만 아니라 누구에게도 사실이다. 매일 매일 감사만 하더라도 다 감사하지 못할 정도로 우리는 하나님께 받은 은혜가 너무나 중하고 많다. 하늘을 두루마리 삼고 바다를 먹물 삼아도 하나님의 사랑과 은혜를 다 기록할 수 없는 것이 사실이다.

"예수께서 행하신 일이 이 외에도 많으니 만일 낱낱이 기록된다면 이 세상이라도 이 기록된 책을 두기에 부족할 줄 아노라"(요21:25).

이것 역시 요한이 받은 은혜를 말하는 것 아닐까. 세상에 있는 모든 크리스천이, 대대로 수천 년간 구원받은 성도의 감사를 다 쓴다고 하면 이 세상이라도 그 책을 두기에 부족할 것이다. 구약 성경의 시편은 역시 하나님께 대한 감사의 찬송이요 감사의 서사시요, 서정시다.

"여호와께 감사하고 그의 이름을 불러 아뢰며 그가 하는 일을 만민 중에 알게 할지어다"(시105:1).

감정(각)을 잘 다스려야 한다

크리스천은 성령님의 사람이라고 했다. 성령님의 사람의 급선무는 감정(각)을 다스리는 일이다. 사람의 세 가지 심적 요소를 지성, 감정, 의지라고 한다. 이 중에서도 인간을 크게 좌우하는 것은 감정이다. 이것 감각, 감성, 정서, 나아가서는 기분, 느낌으로까지 이해할 수가 있다. 이것도 인체의 구조로 이해하려면 오감 곧 시각, 청각, 미각, 후각, 촉각에서 오는 감정(각)을 말한다. 이들 가운데서도 가장 자극적으로 민감한 것이 시각이다. 열 번 듣는 것보다 한 번 보는 것이 낫다고 한다. 이유가 있다. 아담이 범죄한 것이 여기서 시작되었기 때문이다.

"여자가 그 나무를 본즉 먹음직도 하고 보암직도 하고 지혜롭게
할 만큼 탐스럽기도 한 나무인지라 여자가 그 열매를 따먹고 자
기와 함께 있는 남편에게도 주매 그도 먹은지라"(창3:6)

여기서 뱀, 곧 사탄의 화신이 말한 대로 지혜롭게 할 만큼 탐스럽기도 했다는 것. 지혜는 눈으로 볼 수 있는 것이 아닌데도 그렇게 보였다는 것.

잠깐! 이 때는 아담과 하와 안에 죄가 없었는데, 사탄에게 들었던 말, 곧 "하나님과 같이 되어 선악을 알 줄 하나님이 아심이니라"(창3:5).

여기에 유혹되었을 때 욕심이 잉태되었다고 보면 될까?

"욕심이 잉태한즉 죄를 낳고 죄가 장성한즉 사망을 낳느니라"(약1:15).

다시 제자리로 돌아가서 아담이 이렇게 시각적인 유혹을 받아서 사망에 이르게 된다. 그래서 사람은 감정(각)적인 동물이 된 것이다. 특히 보는 것을 통하여 행동하게 된다. 물론 하와가 뱀에게 듣고 유혹되어 욕심이 생기게 되고 또 보게 되었다. 크게 영향을 미치는 것이 시각이다. 뱀이 하나님의 명령을 직접 들었던 아담에게 접근하지 않고 하와에게 접근해서 시험에 들게 한 것도 역시 감정에 약한 여자인 점도 있고, 인간을 움직이는 것은 감정인 것을 알고 뱀이 그 약점을 노린 것이다.

다윗에게 물어봐도 그렇게 대답할 것이다. 자기도 그런 약점에 넘어졌다고. 사느냐 죽느냐 중대한 문제를 두고 고민도 해보지 않고 넘어지고 말았던 아담이 아닌가? 요즘 세상을 요동치게 만드는 것 요술 방망이? 아니면 로봇? 핸드폰 등 SNS 이것도 보는 재미가 제일로 많을 것이고, 듣는 재미도 있고, 인간이 좋아하는 백과사전과 같은 것, 물론 성경도 있다. 그래서 교회에 나갈 때 성경책을 가져갈 필요가 없어졌다. 그래도 물론 들고 다니기는 하나, 이것 때문에 성경을 잘 안 본다. 대부분의 성도가 그럴 것이다. 글쎄 목사님들도?

잠깐! 내가 쓰고 있는 이 책도 읽을 사람이 얼마나? 성경책보다 재미있는 것이 SNS에 더 많이 담겨 있으니까 재미로 사는 세상, 역시 감각적인 재미가 제일일 것이다.

사람들이 병들거나 늙거나 해서 죽음을 바로 앞에 두고 있는 시점이 아니면 죽음 문제를 심각하게 생각 안 한다. 특히 젊은 층은 아직도 거의 100년이 남았는데 하면서 재미있게만 잘 살기만 하면 된다. 미국 같은 나라에는 매일 총에 맞아 죽는 사람이 있다. 무슨 대단한 문제로 총을 쏘는 게 아니다. 기분 나쁘면 쏴 죽인다.

잠깐! 조금 더 좋은 방향으로 생각해서 소위 말하는 유행가. 중학교 때 나의 국어 선생님은 말씀하시기를 "날 더러 이 나라를 다스리라고 한다면 사람의 마음을 약하게 하는 유행가를 퍼뜨려 국민을 내 손 안에 넣겠다"고 하셨다. 사면초가란 말이 떠오른다.

앞에서 기뻐하라, 기도하라, 감사하라고 했다. 그 모든 것은 감정을 다스리는 중요한 요소들이다. 성도는 내 안에 성령님이 계신다는 것을 믿고 감사, 기도, 기쁨 이런 마음을 가지고 살면 감정대로 놀아나지 아니한다.

> "… 사람마다 듣기는 속히 하고 말하기는 더디 하며 성내기도 더디 하라 사람의 성내는 것이 하나님의 의를 이루지 못함이라"
> (약1:19, 20).

말은 속히 알아듣도록 노력하고, 말하는 것은 잘 생각해서 한 박자 느리게 하여 좋은 말씨를 쓰고 성내지 말라는 것. 이 모두가 감정을 추스려 좋은 분위기를 만들라는 것이다.

개보다 나아야 천국 간다

"우리가 다 실수가 많으니 만일 말에 실수가 없는 자라면 곧 온
전한 사람이라 능히 온 몸도 굴레 씌우리라"(약3:2).

그렇다 감정이나 감각 기타, 보고 듣는 것들이 다 실수하고
범죄하기 쉬운 요소들이지마는 그 중에서도 가장 실수하기 쉬
운 것이 말이다. 성령님의 사람은 기도하는 중심으로 말을 하
여 감정대로 뱉지 말고, 새김질을 해서 말이 나와야 한다.

오늘날 황혼 이혼이란 말을 자주 듣게 되는 것도 역시 감정
을 잘 다스리지 못한 것이 원인이다. 나이 들면 여성은 남성처
럼 되고, 남성은 여성처럼 뒤 바뀌게 된다. 그래서 여자 쪽에
서 남자를 지배하려고 하니, 남편은 지금까지 양이던 아내가
이제는? 그래서 대립각을 세우게 되고, 기분이 상하게 되어,
그것이 쌓이고 쌓이면 결국은? 나이만 먹지 말고 성숙해져야
한다. 크리스천이 아니면 어떤 말도 용납이 안 되고 이해가 안
될 수도 있을 것이다. 그러나 크리스천은 역시 주님의 말씀에
따라서 화평하도록 노력해야 한다. 간음을 하는 일이 없을 때
는 헤어지면 안 된다는 것, 하나님이 짝지어 주신 것을 사람이
나누지 못한다는 말씀으로(마19:6) 이겨야 한다.

감정을 다스려야 한다. 지금까지 살아온다고 고생한 것, 가
정을 위해 수고한 것, 혹은 남편, 혹은 아내가 자녀들을 양육
하느라고 수고한 것을 서로 서로 상대방을 생각하면서 고비를
넘겨야 한다. 세월을 아끼라 했다. 서로 사랑만 한다고 해도
짧은 세월이다. 순식간에 다 지나간다. 지나고 보면 어리석었

다고 생각하게 되는 행위를 하지 말아야 한다.

"서로 친절하게 하며 불쌍히 여기며 서로 용서하기를 하나님이
그리스도 안에서 너희를 용서하심과 같이 하라"(엡4:32).

그리스도 안에서란 주님의 피로 사신 것이란 의미다. 하나
님이 예수님을 보시고 우리를 용서하심과 같이 생각하면 못할
일이 없다. 하나님이 우리를 구원하신 은혜의 시작도 아무 조
건이 없고 다만 불쌍히 여기신 데서 출발한다. 불쌍히 여기시
는 데서 사랑이 시작되고, 그 사랑으로 우리를 구원하셨다.

"긍휼이 풍성하신 하나님이 우리를 사랑하신 그 큰 사랑을 인하
여 허물로 죽은 우리를 그리스도와 함께 살리셨고(너희는 은혜
로 구원을 받은 것이라)"(엡2:4, 5).

주님께 대한 첫 사랑을 회복하라고 하신 것처럼. 부부간의
사랑도 첫 사랑을 회복해야 한다(계2:5, 6 참고). 흔히 감정의
노예가 되지 말고 이성으로 이기란 말을 하지만, 크리스천은
말씀으로 이기고, 다스려야 한다.
잠깐! 황혼을 언제쯤으로? 난 육순만 지나면 한편이 먼저
가더라도 혼자 지내는 것이 바람직하고, 이혼이란 말은 사용
하지도 말라고 하고 싶다. 이혼은 물론 젊었을 때도 하지 말아
야 한다.

개보다 나아야 천국 간다

"남편들아 이와 같이 지식을 따라 너희 아내와 동거하고 그를 더 연약한 그릇이요 또 생명의 은혜를 함께 이어받을 자로 알아 귀히 여기라 이는 너희 기도가 막히지 아니하게 하려 함이라"(벧전3:7).

아내나 남편이나 피차 영생을 함께 누리게 되어 있으니, 귀하게 여기고 이렇게 살아야 주께 기도드릴 때도 편안하게 감사하는 마음으로 할 수 있다고 한다. 이런 은혜를 누리게 된 것이 얼마나 귀하냐.

감정을 다스리라는 말로 여기까지 왔다. 인류역사는 감정을 다스리지 못하는 일로 얼룩지기 시작했다. 가인이 아우 그것도 하나 뿐인 아우를 시기해서 쳐 죽인 악한 사건으로, 노아 홍수 전까지 가인의 후손도 이어 왔고, 홍수 이후에는 노아의 아들들 셈, 함, 야벳으로 이어 내려왔다.

그 이후 노아의 후손들이 바벨탑을 쌓아서 함께 모여 살면서 자기네 이름을 내자고 계획하고 일을 내다가 하나님이 언어를 혼잡하게 하셔서 그들이 흩어져 살게 된 것이 오늘에 이르게 되었다. 셈은 아시안 계통으로 황인종, 함은 아프리카 계통으로 흑인종, 야벳은 유럽계통으로 백인종 이렇게 나뉘어 살게 되었으나, 이것이 뒤에는 혼혈이 되어 피부 색깔도 여러 가지로 되어서 살고 있는 것이 오늘의 세계다.

잠깐! 한국은 백의민족, 배달민족이라고 부르며 하나의 민족이라고 했으나, 지금은 잡혼이 되어 여러 모양의 사람들, 여러 색

깔의 인종이 살고 있다. 지난 2013년에만 해도 한국 여성 8,000명이 무슬림에게 시집을 갔다고 하니 알만하다.

셈, 함, 야벳이 한 마을에서, 바로 이웃에서 살았더라면 모두가 형님, 아우 하면서 정겹게 살았을 텐데, 바벨탑으로 하나님보다 인본주의로 나아 가다가 이 모양이 되었고, 이제는 지경을 넓히고 철조망을 치고, 담벽을 쌓고 서로 원수처럼 자기 것만 챙기고 있다.

> "이는 세상에 있는 모든 것이 육신의 정욕과 안목의 정욕과 이생의 자랑이니 다 아버지께로부터 온 것이 아니요 세상으로부터 온 것이라"(요일2:16).

바벨탑은 무너졌지만 인간의 내부에 잇는 자신만의 바벨탑은 계속 쌓아 올리고 있고, 먹고, 마시고, 즐기고, 육신의 욕구 충족이나 일삼고 살아가고 있는 것이 인간들의 모양이다. 역시 감각적인 것, 감성적인 것, 기분에 살고 기분에 죽는 인간의 모습이다. 좀더 가지려고, 전쟁이 계속되고, 죽이고 죽는 것의 연속이요, 그러면서도 즐기려하고 있다. 무슬림 극단주의자들 IS가 자살폭탄 테러를 하는 것도 그들이 그 단체를 위해 충성하고 죽으면 사후에 많은 여자들과 함께 살게 해 준다는 교리를 맹신하고 그런 악행을 자행한다고 하니, 인간의 감각적 욕구란 어디가 끝인지 모를 일이다.

개보다 나아야 천국 간다

"민족이 민족을, 나라가 나라를 대적하여 일어나겠고 곳곳에
기근과 지진이 있으리니 이 모든 것은 재난의 시작이라"
(마24:7, 8).

이러한 재난은 시작된 지 오래되었다. 오늘날 지구상에 1분
에 30명, 하루에 4만여 명이 굶어 죽는다고 한다. 수년전에 있
었던 보도에 의하면 아프리카 어느 곳에서는 먹을 게 없어서
흙으로 떡을 구워 먹고 있었다. 이래도 단 몇 분 동안 하늘로
올라가서 구경하고 오는 이른 바 우주여행을 하기 위해 천문
학적인 돈을 쓰는 사람들도 있고, 앞으로도 계속 될 것이라고
하니, 기분을 낸다는 데는 할 말을 못 찾게 된다. 결국 세계는
감정을 다스리는 성령님의 사람들과, 기분대로 사는 사람들의
싸움으로 끝이 날 것이요, 감정을 다스리는 사람들만이 새 하
늘과 새 땅을 보게 될 것이다.

맺으면서

"전도자가 이르되 헛되고 헛되며 헛되고 헛되니 모든 것이 헛되
도다"(전1:2).

여기 헛되다는 말이 네 번 나오고 또 총합해서 모든 것이 헛
되다고 하는 것을 이렇게 생각해 본다. 태어나는 것도, 살아가
는 것도, 성공하는 것도, 죽는 것도 모두가 헛되다는 것이다.

예수님이 가룟 유다는 태어나지 아니한 것이 좋았다고 하셨
다(마26:24). 솔로몬 왕은 부귀영화를 다가져 본 왕으로 그의
말은 더 의미심장하다. 이 세상에 와서 온갖 호화생활을 다 해
본다고 해도 우리를 구원하신 예수님을 모른다는 것은 모두가
헛된 것이다.

"누구든지 사람 앞에서 나를 부인하면 나도 하늘에 계신 내 아버
지 앞에서 그를 부인하리라"(마10:33).

다시 솔로몬의 말을 들어보자

"모든 사람의 결국은 일반이라 이것은 해 아래에서 행해지는 모
든 일 중의 악한 것이니 곧 인생의 마음에는 악이 가득하여 그들

개보다 나아야 천국 간다

의 평생에 미친 마음을 품고 있다가 후에는 죽은 자들에게로 돌아가는 것이라"(전9:3).

역시 예수님을 모르고 믿지 아니하는 사람은 이와 같이 허무하다는 것이다. 예수님을 모르고 안 믿는 사람의 결국은 지옥에 가는 것 밖에 없으니, 이 세상에서의 부귀영화가 아무 소용이 없다.

평생에 미쳐 살다가 가는 인생, 솔로몬의 경험을 말하는 것일 것이다. 그러나 그는 지금은 하나님 편에 서 있다(전12:13, 14).

개보다 못한 인간이 누구냐? 예수님을 믿지 아니하는 사람이다. 이 사람은 개도 안가는 지옥에 간다.

이 책에 자세히 기록된 대로 예수님을 영접하여 믿고, 영생에 들어가는 복을 받고, 또 성령님을 모시고 사는 성령님의 사람이 되어, 이 땅 위에서도 사람답게 살아서, 하나님께 영광을 돌리고, 하나님 나라에 들어가서도 주 하나님께 세세 무궁토록 영광을 돌리고 살게 되기를 간절히 빈다.

주 예수님 어서 오시옵소서.

고쳐 쓴 주기도문

하늘에 계신 우리 아버지여

이름이 거룩히 여김을 받으시오며

나라이 임하옵시며

뜻이 하늘에서 이룬 것 같이 땅에서도 이루어지이다

오늘 우리에게 일용할 양식을 주옵시고

우리가 우리에게 죄 지은 자를 사하여 준 것 같이

우리 죄를 사하여 주옵시고

우리를 시험에 들지 말게 하옵시고

다만 악에서 구하소서

나라와 권세와 영광이 아버지께 영원히 있사옵나이다

아멘

※ 참고

• 개역의 「시험에 들게하지」는 하나님이 시험에 들게 할 수도 있다는 감이 있으
  나 시험에 드는 것은 사람의 책임이다(약1:14).

• 「대개」는 원문에 없는 것, 찬양할 때 필요하다면 대개 대신 「오직」을 넣을 것.

개보다 나아야 천국 간다

고쳐 쓴 사도신경

전능하사 천지를 만드신 하나님 아버지를 내가 믿사오며

그 외아들 우리 주 예수 그리스도를 믿사오니

이는 성령으로 잉태하사 동정녀 마리아에게 나시고

본디오 빌라도에게 고난을 받으사

십자가에 못박혀 돌아가시고

장사한 지 사흘 만에 죽은 자 가운데서 다시 살아나시며

하늘에 오르사 전능하신 하나님 우편에 앉아 계시다가

거기서 산 자와 죽은 자를 심판하러 오시리라

성령을 믿사오며 거룩한 교회와

성도가 서로 교제하는 것과

죄를 사하여 주시는 것과 몸이 다시 사는 것과

영원히 사는 것을 믿사옵나이다. 아멘.

※ 참고

「못박혀 죽으시고」는 존대말이 아니고,
고통을 강조하려면 십자가가 있고
「저리로서」보다는 「거기서」가 확실하고
「거룩한 공회」보다는 「교회」가 익숙하고
「교통」보다는 「교제」가 더 인격적이다.

개보다 나아야 천국 간다

■
초판 1쇄 인쇄 / 2022년 1월 25일
초판 1쇄 발행 / 2022년 1월 30일

■
지은이 | 구 본 규
펴낸이 | 민 병 문
펴낸곳 | 새한기획 출판부

■
편집처 | 아침향기
편집주간 | 강신억

■
주소 | 04542 서울특별시 중구 수표로 67 천수빌딩 1106호
TEL | (02)2274-7809 / 070-4224-0090
FAX | (02)2279-0090
E-mail | saehan21@chol.com

■
미국사무실 The Freshdailymanna
2640 Manhattan Ave. Montrose, CA 91020
☎ 818-970-7099
E.mail freshdailymanna@gmail.com

■
출판등록번호 | 제 2-1264호
출판등록일 | 1991. 10. 21

값 15,000원
ISBN 979-11-88521-53-1 03230
Printed in Korea